友情

ある半チョッパリとの四十五年

西部邁

青志社

友情

ある半チョッパリとの四十五年

友情

ある半チョッパリとの四十五年——目次

二人のＫ子さんに。

序
海野さんが死んだわよ

落ち葉の降り積もる時節がまたやってきた。ここ、東京都の西方向にある村山貯水池（正式名称は多摩湖）のあたりでは、都民の水甕を保全する必要から武蔵野の雑木林がかろうじて切り払われずに残っている。自然保護林もいくつか点在しており、この時節になると、茶色や黄色や赤色の落ち葉が休みなく舞い降りてくる。やがて、木枯らしが強まるにつれ、また時雨《しぐれ》がしきりにそぼ降るようになるにつれ、落ち葉たちは崩れて腐り、そのうちいずこへとなく吹き飛ばされていく。

そんな光景をぼんやり眺めながら、毎年のように、鬱の気分にとらわれていく、それが私の習性となっている。子供のころから、活気のある男とみなされつづけてきたはずなのだが、この季節だけは例外なのだ。四十歳以降、ひそかにある宗派の教えに真似て「陽気暮らし」をモットーにして生きてきたのに甲斐ないことだ、と思わぬわけでもない。

ひょっとして父親の遺伝なのかなとも思う。彼は物事に動じないタイプの人間ではあったが、「風への恐怖」ばかりは別物で、大風が屋根や窓枠を揺するようなとき、顔を真っ青にして身動きもできなくなるのであった。たしかに風は災難の到来を強く予感させるところがある。災難それ自体についてては案外と平気なのだが、その予感が恐ろしいというのはありそうなことだ。そしてこれは、我ら父子の気質が、どちらかといえば喜劇よりも悲劇を好みがちであることの現れなのかと思われる。

晩秋に生じるこの鬱気分は、自分の幼年期に生じたあの出来事がトラウマになっているのかもしれないと想像しもする。私は、五つか六つのころ、札幌郊外の田舎にいて、ある日の昼下がり、木枯らしが自分の視界一杯に落ち葉の群れを吹き乱れさせるのを、出窓に頬杖をついてみていた。その有り様があまりに荒涼としたものであったせいであろう、私は障子にマッチで火を放った。北海道の原生林に近いあたりを木々を揺らして吹き抜ける木枯らしは、子供の心から熱気をすべて奪いとってしまうような、実に寒々しいものなのである。冷えきった子供の心がマッチを求めたのも故あることとしてよいのではないか。

燃え広がる火を茫然とみやっていると、たまたま家事の手伝いにきていた母方の祖母がそれをみつけ、何事かを叫びながら障子をかきむしってくれて、ことなきを得た。明治五年生まれの農婦であったこの祖母は、無学文盲ではあったが慈母観音の趣があり、私は大好きであった。ただ彼女からすれば私は鬼っ子のようにみえたのかもしれない。この放火事件のあと、彼女が恐い者をみるようにして私をみつめ、「この子はオトロシヤ、この子はオトロシヤ」と、あとで思えば加賀弁で、何度も呟いていたのをよく覚えている。

七年前、つまり平成九年のあの夕刻にあっても、北海道の木枯らしのことを思い起こしていたに違いない。私はかなりに鬱の気分でいたのである。つまり、札幌薄野《すすきの》のバー・トリノの女主人から電話がかかってきたのは、多摩湖周辺における当時の秋の深まった風景からして、十一月の中ごろと思われるのだ。私の家の小さな庭や、家の前のアスファルトの路上で、落ち葉が休みなく転がってかさかさと音を立てていたのが今でも聞こえそうな気がする。

海野《うみの》さんが死んだわよ。

その少し嗄《しわが》れた声は、来たるべき事態が到来したことを単に告げるといった調子のもので、妙に落ち着いていた。私も彼女の調子に合わせて冷静に反応し、「A組の連中に殺されたのか」と質した。

そうじゃないの、自殺したのよ、海野さんは。

「本当にかわいそうに」と彼女は付け加えた。「どこで、いつ、どんなふうに」と私はすぐ尋ねたのだが、しかしそれへの答えは少し曖昧であった。

組の関係者から電話が来たんだけど、すごく慌てた様子で、どうもどこかのお寺だとかニセコの山の麓だとか銭函《ぜにばこ》の浜辺だとかで焼身自殺ということらしいよ。

道南のスキー場ニセコにしても札幌近郊の海水浴場銭函にしても、海野には縁がないはずだがなあと思いつつ、「ショウシン、ちょっと信じられないなあ、トウシン（投身）の間違いじゃないの」と問う私にたいし、彼女は自信なげに答えた。

そうかもしれない。顔が真っ黒に焼けただれていたというけど、凍傷でもそんなふうになるというからね。ともかく自殺であることは間違いないのよ、手下の者たちに遺書めいたものを残しているということだし。ところで通夜は明日、告別式は明後日ということだけど、西部さん、くるかい。暴力団の葬儀だから西部さんは遠慮したほうがいいのかい。

「遠慮する気は毛頭ないけどね」といいつつ、私は手帳で確認した上で、「先約があって残念だがいけない。海野の奥さんとお嬢さんに会ったら呉々もよろしく伝えてほしい」といって電話を切った。トリノで海野と会ったのは一週間ほど前だったなあ、と私はまた手帳をめくって確認した。「彼の様子は人生の最後の坂を急いで下っているという感じではあったが、あれが死相であったとはなあ」と妻に話しかけた。「あなたに別れをいいにきたのね」という平凡な感想を彼女は述べた。私の思いは、暫しのあいだ、トリノのことをはじめとして、繁華街薄野のあたりを巡りはじめた。

その電話の主は平山妙子さんという方で、私の中学の同級生である。というより彼女は、海野治夫《うみのはるお》という八九三《やくざ》と私という知識人（とよばれる職種の者）との四十五年間に及ぶ交際を、とくにその始点と終点を、現場で観察した人物なのである。もっというと、蜘蛛膜下出血に襲われ、脳内に収められた人工の管が次第に腐朽してくるせいで、体は甚だしく疲弊しているにもかかわらず陽気を失うことのけっしてないその表情や声音は、また八九三と知識人という彼女が警戒して当然の我ら二人にたいして胸襟をこの上なく広く開けるその物腰も、私にとっても海野にとっても、「あの時代のあの札幌」で育った人間の典型とみえるのであった。だから、私の札幌における唯一の親友ともいうべきこの八九三の死を彼女が私に知らせてきたのは、よく腑に落ちる成り行きなのである。

彼女は、その薄野のバー暮らしのなかで自然と入ってくる情報によって、海野の八九三ぶりが徹底したものであることをよく知っていた。八九三は、それら三つの数字を足し合わせれば、末尾がゼロになる。つまり三枚のカルタ遊びでいうところのブタである。海野は「公」の社会で自分がゼロの存在になることを自覚的に引き受け、そのかわりに「私」の社会では任俠に徹しようと努めてきた。あるいは、八九三の世界において「公」をなおも求めんとすると、それは任俠をおいてほかにないと彼は考えた。そんな時代遅れのやり方は、薄野であれどこであれ、その八九三をアウトロー社会のアウトサイドへと追いやらざるをえない。そういう海野の人生の道程を平山妙子という女性は見聞させられてきたのである。

私についての彼女の印象はといえば、中学生の私が「ちょっと面白くてちょっと変な奴」であったということに尽きるのであろう。私の知識人としての言動が世間の評判になることがあっても、彼女の眼からみればそれは、少なからず型破りという点で、往時の印象にそっくり重なり合うものとしかみえなかったに違いない。

「西部さんを雪に埋めてやった」と彼女は海野に何度も話したという。呵々大笑しながらその誇張話を繰り返したという。たしかに私は、中学校を卒業した日に、彼女をいわば番長とする五人ばかりの女組から、雪の上で蹴飛ばされたり小突き回されたことがある。つまり、彼女らのお仲間の一人に私がある種のアプローチを仕掛けた――当時、そんなことをするのを「粉をかける」とよんでいた――

にもかかわらず、そのあとの責任を私がとらないことにたいして、彼女らは報復したのである。

中学三年生のころ私は、人前で激しく吃るのを恐れて、先生たちのどんな質問にも「わかりません」とだけ応えていた。それは学業成績のよい私には不似合いの振る舞いで、ある先生が五、六発ばかり私に往復ビンタを加えるという当然の処置をとった。それへの私の反応はといえば、黒板を背にして座るというやり方であり、で、あるかわいい女生徒と視線が合ってしまった。そしてひとたびそうなったら視線を外すのは卑怯に当たる、と私は思ってしまったのである。そういう手前勝手の挙動不審が「粉をかける」行為と女組から認定されたわけだ。いずれにせよ、この世の秩序から外れる変な奴、というのが平山さんにあって変わらぬ西部評だったのである。

我らの五十歳代、海野と私は彼女の店でよく会合した。といっても、そのうちの五年間、彼は刑務所にいたので、残りの五年間に五度ばかりというのが正確なところなのだが、ともかく酔いが回るにつれ、彼女の差配の下に、我らの記憶は自分らの十代へと連れ戻されるのであった。そんな思い出話が楽しかったというのではない。互いに退屈であったというのが正直なところではあった。しかしそういう変哲のない会話を通じて、自分らの人生の原風景のようなものが少しずつ浮かんでくるわけであるし、また思い出の「語り口」において、それぞれの現在を垣間みることもできるのである。ともかくトリノでのいくつかの会話が切っ掛けになって、私が五十二歳になったころであろうか、これから刑務所に入ることになる一人の北方の八九三の哀れとも辛いともいえる人生の全行程が私にはみえるような気がした。

そこで浮かび上がってきた海野像はどんなものであったか。浮浪児も同然の中学生、喧嘩で動かなくなった指間になおも鉛筆を押し込んで猛勉強を続ける高校一年生、冬場に下着もオーヴァコートもなしに震えながら授業中にストーヴに当たる高校二年生、少年院ですっかり太ってしまった十八歳の青年、赤銅色の裸姿で道端で穴を掘っている十九歳の土方、ヒロポンで歯は溶け肩や首の骨をシャカシャカいわせている三十五歳の男、銀色で縞地模様のりゅうとした服装でノミ（競輪・競馬などで非合法の胴元をやること）に出掛ける三十八歳の博徒といったふうに続いて、そして広域組織の傘下にあるＡ組に銃弾を撃ち込む五十四歳の犯罪者といったことになる。これが海野像の輪郭といったところである。

その彼が、これは後追いの調べでも結局のところはっきりしなかったのだが、焼身もしくは入水《じゅすい》によってみずからの命を断った。焼身と入水のいずれであったのか、「組」の元仲間たちや薄野の飲み屋などにも尋ねて回ったものの、「火と水」の両説を代わるがわる聞かされるだけのことに終わった。そろそろ雪の降る気配の札幌のとある寺の暗い境内で紅蓮の炎に包まれて焼身し果てたという者もいるし、銭函の闇に包まれた河口に身を投じたという者もいる。いずれにせよ、平成九年十一月十二日、彼は自死を敢行したのであった。

前者の死に方だとしての話だが、なぜ焼身であったのか。それは、道民が今なお「内地」とよんでいるところの、つまり（北海道という）大東亜戦争の敗北で唯一の「外地」となった地方を除いた日本の、巨大な暴力組織に吸収される前に彼が所属していた源清田《げんせいだ》一家という香具師《てきや》の親分が、焼身したのに習ってのことなのか。それとも自分に残っている男意気の最後の一雫《しずく》を絞って、それで自画像の画龍点睛が成り立つと思いたかったのか。私には何もわからない。ただ、それがむごいほどに苦しい死に方であることを私は知っている。要するに、酸素が燃え上がってしまったその空隙に次々と空気が吹き込んでくるので、なかなか窒息死に辿りつけず、その間、自分の肉体が焼け爛れていく苦痛に悶えつづけなければならないのである。

後者の死に方だとすれば、絶望の挙げ句の投身と思われるのだが、海野の人生への絶望は何に由来していたのであろうか。八九三のどの組にも戻れないというのはそんなに悲嘆すべきことなのか、妻子を養うどんな手立ても彼には残されていなかったのか、生活保護を受けるという老後の生活は彼にとってどの程度の屈辱であったのか、すでに鬼籍に入っていた彼の両親や兄たちの絶望の人生が彼を深い沈鬱へと誘ったのであろうか、などということについても私にはわからない。

読者には申し訳ないが、海野の死に方が焼身であったのか入水であったのかについての検討は、終章において行うことにする。つまり「火と水」の両説を併記しなければならない事情に、もっと率直にいうと彼の最期について曖昧な情報が飛び交うという状況のなかに、著者はおかれたままだということである。

彼は、彼自身の表現によれば、「半チョッパリ」であった。だが彼はチョッパリという言葉の意味を知らなかったようだ。事情に通じた人ならよく知っているように、それは朝鮮人による「日本人への蔑称」なのである。だから半チョッパリとは、日本人と朝鮮人との混血児のことで、「半日本人奴《め》」ということになる。半ば死語と化しているこの言葉を彼がなぜ使用していたのか、しかもそれを朝鮮人への蔑称と誤解していたのはなぜなのか、私なりの推論を後段で示すつもりではあるものの、今のところ定かではない。

　ともかく彼は、朝鮮人の父親と日本人の母親のあいだに生まれた四人兄（姉）弟の末っ子であった。両親ともにいわゆるマークト・パーソンズつまり「曰《いわ》く付きの」あるいは「印《しるし》付きの」男女でもあった。そうした家族のルーツにかかわる事柄については私は何も知らなかった。ただ彼が、たぶん私の予想をはるかに超える複雑な環境のなかで生きてきたのであろう、と予想することはできた。そのことによって強いられた彼の厄介な（私には残酷とみえる）人生の顚末について記録を残しておいたらどうか、と（トリノで）何気なく勧めたのは私であった。

　その勧めに、面と向かっては、「馬鹿な、俺にはそんなことできないよ」と彼はいっていたのだが、「海野治夫という名の半チョッパリ」において何が生じたかについての手記が、平成三年の冬から春にかけて、拙宅に郵送されはじめた。四百字詰め原稿用紙で四百枚に及ぶ記録である。最後の手記は（札幌市内の）苗穂刑務所のなかから送られてきた。

　その記録には重複も多いし、ルーツ探しにまつわる私的な記述が目立ちすぎる。また感情の漏出で文章が乱れている部分もかなりある。だから、そのままではとても公表に堪えうるものではない。しかし、丹念に整理してみれば、また行間に眼を配れば、海野の辿った人生の輪郭がおおよそみえてくることは確かである。

　彼は、自分の送った手記にもとづいて友人たる私が何事かを執筆するのを期待していたのかもしれない。あるいは、誰かに、せめて親しい友たる私に、自分のことを記憶しておいてもらいたくてそうしたのかもしれない。ひょっとして自分の娘への遺書のつもりであったのだろうか。そういうことについてあれこれ確かめる間もなく、彼は自裁してしまったのだが、私のほうにも、私への期待が彼のがわにあったとしても、それに応えられぬ事情があった。

「あの時代のあの札幌」という背景のなかにおいてやらなければ海野治夫は実を結ばない、と私には思われた。もっといえば、語るに値するのは「あの時代のあの札幌」のほうなのであろうとすら考えていた。しかし、「今の時代の今の札幌」は極度の様変わりで、そこに過去の痕跡を見出すのは叶わぬ仕儀なのである。とくに昭和四十七年の札幌冬季オリンピックのあと、さらには昭和の末期から平成の初期にかけてのバブル経済のなかで、札幌は急激な変化に見舞われ、過去というものの一切に死を宣告せねば気がすまぬといった体で脱皮を続けてきた。

たとえば、昔の薄野には、雪と氷で崩れかかった板塀の民家が並んでいた。今は高層ビルしか見当たらない。昔の最高層ビルは丸井デパートも三越デパートも六階建てにすぎなかった。今はステーション・タワーが四十階で、二十数階のホテルもいくつかある。二階建てで赤煉瓦の五番館デパートも、今は、八階建ての鉄筋コンクリート製西武五番館に変わっている。昔は、雪融けが終わると、冬場に溜まった馬橇の馬糞を風で煽るいわゆる「馬糞風」が札幌の名物であった。今は車の洪水であり、また昔の市電のほとんどすべてが撤去されたかわりに、今は地下鉄が縦横に走っている。昔は創成川の上に「木暮《きぐれ》サーカス」団が祭りとなるとテントを張ったが、今、その両脇は車道になって、川沿いを散策することすら叶わなくなっている。昔は、暗い歩道を飲み屋の赤提燈《ちょうちん》がほんのりと照らしてくれていたのに、今は、ネオンサインがぎとぎとと空をまで焦がしている。昔は、良かれ悪しかれ、札幌農学校に代表されるようなフロンティア・スピリットが道民の心性であったが、今は、東京のパラサイトつまり寄生虫であることに恥辱を感じないばかりか、東京から地方分権の名目で駆除されるのを甘受するといった有り様である。

要するに、暗がりのなか、板塀のそばを手足のかじかんだ少年が歩いている姿、それを再現するのは至難の業なのだ。丹念に調べ物をすれば、「あの時代のあの札幌」という海野治夫の背景の、輪郭も色調も定まるのかもしれない。しかし私にはその余裕がなかった。また海野像を刻す作業は大まかにいえばノンフィクションを物すのに近いことであり、そして彼と私との関係を記すのは、さらにはその関係を保つに当たっての当方の事情を書くのは、私小説を書くのに似たことなのであろうが、私にはそうしたジャンルへの関心も薄く能力も乏しいのである。で、彼の四百枚の手記は、この十三年間、我が家の居間の長椅子の下に虚しく積まれたままであった。

送られてきた段階で軽く眼を通しはしたものの、大学の職を辞して評論家というヤンチャな業種に飛び込んだ私には、次から次へとやらねばならぬことが押し寄せてきて、長文で錯綜した海野の手記を読み返す暇とてなかった。とくに自分で「発言者」という言論誌を発刊し、またそれに伴って「発言者」塾を東京をはじめとする全国の何か所かで開くに至ったあとは、今の札幌のなかに昔の札幌を探し当てるのは手間暇のかかりすぎる作業と思われたのである。

しかし、私もすでに六十五歳となった。自分の死期を察する、もしくは死期の眼をもって自分を眺める、そんなことは十分にやってしまったと思う年ごろになったということである。虚しいと承知しつつも虚しくないものである「かのように」みなして取り組んできた自分の言論活動も、ついに、この虚しきこと限りなき戦後日本の大衆社会に吹き荒れる木枯らしめいた世論のなかでは、崩れ腐り吹き飛ばされていく落ち葉の一片にすぎない、そうなのだとほぼ最終的に思い定めるほかなくなった。

そう思ったとき、長椅子の下の原稿群に思いが向かったのである。つまり、「あの時代のあの札幌」は海野治夫なる八九三の書いた思い出の記のなかにだけあるのだ、旧い札幌がその手記のなかにじっとうずくまって私を待っているのだ、と思われた。ましてや、あの火焰におけるあの苦悶のなかで、あるいはあの河流におけるあの窒息のなかで、「西部、俺のことを忘れてくれるな」との思いが、一瞬、彼の胸中を走ったかもしれないのである。

そういえば彼も、「君が自分の友を誇りに思える、そういう死に方をしたい」と書いていた。この八九三を置き去りにしたままでは、私の最晩年の生も死も不具合になると見込むほかあるまい。だが、私の海野治夫論を最も熱心に読んでくれるはずの海野本人はもういない。もちろん世間に公表して感想や批判を仰ぎたいと思えばこそこれを書くのだと構えはするものの、文章の良否についていえば、熱意ある読者を激励することのできるのが良好な文章だ、と私は考えている。とくに、いわゆるモデルが実在する場合、その関係者を必要以上に不愉快にさせるような文章は、というよりそういう文章をもたらしてしまう表現者のエゴイズムは、言語道断というほかない。

一体、この文章は誰を励まそうとして書かれるのであるか。さいわいにも、二人のK子さんが、つまり彼の妻のK子さんと彼のお嬢さんのK子さんとが札幌のどこかで生活をしているはずだ。もう三十年もお会いしていない彼女たちに、これが私の心に刻まれた海野像です、どうぞ御覧下さい、といって本書を持参するのを楽しみに、言葉の小刀を私なりに振るってみたい。

同時に認めておかなければならないことが一つある。それは、海野治夫があのような形で亡くなったればこそ、この長文が執筆可能となったということである。短文ならば、彼の一側面なり一次元なりを摘出するということですますことができる。しかし、彼の全貌どころか、その相貌の下に隠されている彼の精神の内実までをも詳しく照らし出そうとする場合には、あるいは、本人の心を傷つける文章も書かなければならなくなるときがあるであろう。また私の海野像を八九三礼賛論と誤解するような読者のことにも気を配らなければならない。

それればかりか、海野の人生が完結していなければ、私の心中における海野像が揺らぎを止めないという恐れもある。つまりその人生の最終段階において、私の描いた海野像にはまったく適合しない振る舞いを海野がなす、という懸念もしくは猜疑が私になかったわけではないのである。これは彼の妻子には不愉快な言辞となるのだが、海野治夫がこの世を去ってくれたればこそこの海野治夫論が可能となるのだ、だから私も内心忸怩たらざるをえないのだ、ということをあらかじめ確認した上で筆を進めたい。

もう一つ追記しておくと、海野治夫論というのは本稿にたいする適切な性格付けではないかもしれない。これは、私の意識に現象してきた海野の人生の各局面を記述したものであり、それゆえ私の意識が、それぞれの局面に応じて、どんな調子で動いていたものであるかについても、言及しておかなければならなかった。「海野治夫とその時代」を語ることを通じて私自身の過去を解剖する、そうすることによって二人の交友が何であったかを明らかにする、それが本書の狙いである。そうなのだということをあらかじめ読者に知っておいて頂ければと思う。また海野の人生そのものについては、私の洞察が少々及んでいこそすれ、いわゆるフィクションはいささかも含まれていない。私が直接に観察したり見聞きしたかぎりでの海野の行動と言説、それがここにおける海野像のすべてだとお考え頂きたい。要するに、本書は彼と私の「関係」にかんする私の省察文であり批評文なのである。

本気でやる気なのか

私と海野《うみの》治夫《はるお》が初めて顔を合わせたのは、互いに中学二年生の秋《とき》であった。第二学期が始まった時分であるから、八月の下旬、北海道では立秋の気配が漂うころであったろう。昭和二十七年（一九五二年）、柏中学においてのことである。その学校は札幌市の南端に豊平《とよひら》川（石狩川の支流）に隣接する形で建っている。その学区は、南は市の郊外にある真駒内《まこまない》の自衛隊駐屯地から北は市の中心をなす薄野の繁華街へと山鼻《やまはな》の住宅街を挟んで細長く伸びており、海野は真駒内方面から通っていた。

私はといえば、札幌郡白石《しろいし》村字厚別《あつべつ》からのいわゆる寄留生であった。白石というのは、たぶん、明治初年に南部藩が奥羽列藩同盟に加担したことを咎められて仙台藩白石城に転封させられ、それによって押し出されて白石城におれなくなった人々が北海道に移住させられたことがあるが、そういう「維新」の混乱のなかでできた村のはずである。厚別は白石村のさらに東方にある丘陵地帯で、信濃小学校というものがあったことからして信州人が最初にそこに入ったのだと思われる。札幌まで汽車で二十分なので、そこから通勤通学している者も少なくなかった。

ともかく、その当時に寄留とよんでいたのは、私の場合でいうと、住所を形の上だけで札幌市内の父の友人宅に移し、実質は厚別の自宅から畑作地帯を歩き、そして満員列車に揺られつつ、結局は四十分かけて札幌駅に着き、そこからさらに市電で（通勤客の混じる混雑時であるから）四十分かけて柏中学校に至るということであった。厚別に信濃中学校というものがありはしたのだが、その前年に開設されたばかりの新しい学校で、まだ先生たちの布陣すらが整っていなかった。また、札幌市内の私立中学校に私たち兄弟を通わせる資力が父にはなかったということもあって、札幌市立中学校への寄留ということになったのである。

汽車の本数が少ない時代であったので、予定のものに乗り遅れると、ベンチの数がまことに少ない時代のこととて、駅舎内の剝き出しの土の上で、さらに四十分ばかり、ぶらぶらしていなければならなかった。旧札幌駅はルネッサンス様式の建築であったと物の本には記されている。しかしその内部はミゼラブルといってよい水準のものにすぎなかったのである。道民のよくつかう表現を用いれば、この通学生活は子供には「ゆるくない」作業なのであった。

柏中学には、その学区の形状ゆえに、実に様々な職種の家庭から子弟が送り込まれていた。（軍人や警察官のことも含めて）役人の子、会社員の子、商店の子、医者の子、農民の子、娼婦の子、そして（私のような）市外の子といったふうに、その中学校は札幌市およびその周辺のみごとな縮図を形作っていたのではないか。中学三年生ですでに妊娠しているとの噂が立った（薄野の）少女が私の学級にいたというのも、当時の札幌を縮尺して表す一つの事実なのかもしれない。

とはいっても、それは単なる市立学校の一つにすぎない。柏中学の卒業生でいささか著名な人物を挙げよといわれたら、そこの関係者たちは、いわゆる日教組教育の牙城となっている北教組が強い影響力を行使している土地柄のこととて、渋面を作りながら、「昭和三十五年秋に浅沼稲次郎社会党委員長を日比谷公会堂で刺殺した山口二矢《おとや》」というのであろう。なおもう一人ということになったら、渋面を崩さずに、その四年先輩の「保守反動の西部」というのか、それとも「八九三の海野」というのか、定かではない。ともかく、戦後の荒廃した雰囲気が色濃く残っていた当時の札幌を子どもの世界に投影すれば、柏中学の雑駁たる彩りとなるのであった。

そこに（中学二年の半ばに）突如として現れた海野少年の風体の雑駁ぶりは周囲の目を見張らせる類のものであった。私は覚えている、ある日の休み時間、隣りの組が急に騒がしくなったので、覗いてみると、騒ぎの中心で、十五センチばかりの蓬髪の、女物とおぼしき赤いカーディガンを羽織った一人の少年が、怒声まじりの嬌声といったような奇声を発して暴れまくっていたのを。下校時間にみかけた彼の姿も、鞄も何も持たぬまったくの手ぶらで、足には女物の中ヒールの靴が引っ掛けられていた。そのうち誰かが「あいつは海野という不良だ、近づかないほうがよい」と教えてくれた。

私がその不良少年に、ひそかに、強い関心を抱いたのは、たぶん、自分自身がひそかに非行に走っていたからなのであろう。私はサボリの常習者で、欠席、遅刻、早退を繰り返しながら、薄野の歓楽街をしょっちゅうふらついていた。私に小遣銭はなかったものの、どういうわけか、小遣いに余裕のある少年が入れかわり立ちかわり私を誘うのであった。

また、そのころから一年間ほど、私は万引きを常習的にやっていた。今では、万引きは日本文化の一構成要素、といった惨状になっているようであるが、当時、万引き常習少年は五十名のクラスのうち一人か二人にとどまっていたはずである。なぜ私は万引きを常習とするようになったか、その個人心理のベースには、敷かれた軌道から外れたい、という父親ゆずりの気質があったことは否めない。

しかし一年後には、一度も捕まっていないのに、自分の生活心理が荒れ果てていくのを恐れて万引きはやめたと固く決意できたところをみると、万引き癖は私の生来の気質によるものではなかったと思う。当時の私を襲っていた強い吃音癖と空腹感からきた欲求不満の捌《は》け口、それが富貴堂（という大きな書店）を中心にしてなされた私の万引き行為ということであったのであろう。

ごく最近に知ったのだが、その書店主がクリスチャンで、罪人たちに寛容であり、だから店が傾いたという説明もあるらしい。事実だとしたら、富貴堂の書店経営法も当時の札幌事情を語る一つのエピソードといえよう。つまりそこには、札幌農学校のとき以来、クリスチャニティの伝統が色濃くあったのである。富貴堂のことを離れて札幌のこと一般についてごく大まかにいえば、クリスチャニティに特有の、時として偽善に流れる、ヒューマニズムの雰囲気が当地の「戦後」にはあり、そういう雰囲気に逆らいつつも甘えるというのが、私を非行に傾かせた動機および動因の一つであったような気がする。

いずれにしろ、以心伝心というものなのか、海野が私に近づいてきた。

お前が西部か、勉強ができるらしいな、でも態度は悪いそうじゃないか。

といって彼は私に戯《じゃ》れついてきた。私がすごく小柄であるのにたいして、彼は中肉中背といったところか。私を廊下に押し倒し、絡みついて離れようとしない。私は案外に腕力が強く、相手の胴体を強く締めた。それは、相手を強く突き放すと喧嘩になることを心配しての動作でもあった。しかし締めをゆるめるタイミングを私は間違った。彼は暫しもがいたあとで、急にどすの効いた、やけに落ち着いた太い声でいった。

お前、本気でやるのか。

そのときのあの燃えるような目付きを私は忘れることができない。このような憤怒、このような敵意、このような闘争心に行き当たったことは私にはなかったのである。むしろ、小学校時代、私のほうがそういう態度をとって他の生徒たちを威嚇してきたというべきかもしれない。一瞬の恐怖が私を襲い、私は羽交い締めを解いた。彼は蓬髪と赤いカーディガンを乱したままゆっくりと起ち上がり、私を横目で睨むように見下ろしながらいった。

お前とちょっと遊ぼうとしただけじゃないか。

その少し戸惑った少し悲しげな所作も私は忘れることができない。そして彼がいなくなったあと、こんな遊び方は自分にあってはとうに終わっているのに、彼はまだ誰か友達をみつけて戯れ合っていたいのか、他人を脅かすに十分な傾《かぶ》き者の異形でなおもそうしたいのか、さすれば彼には戯れ合う兄弟も友人もいなかったのか、といったような内容のことを漠然と、少し啞然としながら、考えていたように思う。

それから中学校を卒業するまでの一年間余、私たちは言葉を交わすことはなかった。正確には、屋内の運動場で週に一、二度は、たった二人だけで顔を合わせていたのだが、私たちのやったことはといえば、ようとかやあとか声をかけ、あとは、相手がバスケットボールを黙って蹴ってくればこちらも黙って蹴り返すだけで、三十分後には互いに軽く手を上げて挨拶し、別れるのであった。

その三十分は級友たちが教室で弁当を食べている時間であった。彼の少年期と思春期が、家庭というものが崩壊を超えて不在に至っていたために、飢えに不断に襲われていたことはのちに知った。私のほうについていうと、父の興した肥料販売会社がもろくも倒れ、その後、網走《あばしり》の病院の事務の仕事に単身赴任した、しかも、旧職場への出戻りということであったので、不利な条件でそのオホーツク海の港町に赴いた。それは、私の母親がつねに手元不如意ということを意味した。

いや金銭のことよりも、母親が肉体の限界線上で働いているという事情があった。私には五人の兄妹があり、そういう家族を何とか養うために彼女は一反歩の菜園に労苦を注いでいた。冬場にも、裁縫やら編み物やらで彼女の仕事量は減らなかった。父からの仕送りが七人の母子の暮らしにとって十分とはいえなかったのに加えて、母の疲労が過大に及んでいたのである。だから、兄も私も、母が起きられないときは朝食抜きで家を出る、母の弁当作りが間に合わないときは学校の近所でパンを買う、母の財布が空のときはそれも我慢するのを常習としていた。で、週に一、二度は学校の昼食時に屋内運動場にいる、といった生活になった次第である。

海野少年が運動場で三十分を過ごしたのが週に何度であるのかは知らない。ただ、中学校時代に限っていえば、彼のほうが空腹にかんしては楽だったという可能性はある。なぜといって、彼は三十分で塒《ねぐら》に帰ることができ、そこは居酒屋であったので、何かしら餌があったに違いないからである。私には、餌がほしいと啼く緬羊が待っていた。その毛から妹たちのセーターを作るのが母親の目論見であった。――しかし、後々にわかったのは、母親の目算が外れ、私の草刈りはほとんど無駄骨であったという何とも情け無い結果である――。

アメリカ進駐軍の基地にはぼうぼうと草が生えていた。隣りの寺の墓所の向こうは、かつて日本軍の格納庫兼弾薬庫であり、そこを占領軍が接収したわけである。戦争の最末期、B29爆撃機やグラマン戦闘機がそこを探索・攻撃すべく飛来してきたが、畑や林によってうまく隠蔽されていたらしく、その日本軍施設は無傷のままであった。敗戦のすぐあと、私たちはそこから弾薬を盗み出して火薬を取り出し、雪原に火薬を絵模様に撒いて遊んでいた。それに火を放ち、模様に沿って火を走らせるのが子供たちの娯楽であったのだ。

そろそろ進駐軍が撤退するころ、「基地」の警戒が緩くなったのに乗じて敷地内の草を刈っていたら、米兵に銃をつきつけられたことがあった。若い白人の兵士は私の盗品が一輪車に山盛りの草であると知って拍子抜けしていたが、いずれにせよ、それからは、米軍基地には入らないことにしていた。私が致し方なく畦道の草を刈っていると、近所の農家は、私有財産が盗まれたといって私の母に文句をいってきた。

ともかく、一日一食の場合は、晩飯をガツガツと食べ、不機嫌を隠すには寝るしかないといったことが、週に一度なのか二週に一度なのか覚えていないものの、そう遠くない間隔で私には起こっていたわけだ。こんなことを報告すると、私の妹たちは「うちはそんなに貧乏ではなかった」と私に文句をいう。「自分は我慢するから、妹たちにはみすぼらしい恰好をさせないでくれ、ひもじい思いをさせないでくれ」と母に頼んだときの私の気持ちは彼女らに通じないし、そもそもそんな話を彼女らは聞きたくもないのであろう。

私が、間欠的とはいえ、万引きしてきた参考書類を使って勉強に励んだことがあるのは、ひょっとしたら間欠的にやってくる飢えへの怒りに根差していたのかもしれない。そのおかげで高校入試の統一試験で道内一番ということになったらしい。どこかで中学校の先生で入試管理委員のようなことをしていた私の年長の従兄弟に当たる人から、私の母がそう知らされたのである。本当だとすれば、父の不本意な職業生活と母の不如意な家庭運営にも感謝しなければならないのであろう。

たしかに私には喧嘩腰で学習する期間が時折に訪れていた。だから、欠食を共にする海野少年についての噂話として、「海野は勉強ができるらしい、担任の金子先生があの不良を応援しているらしい」と聞いたとき、私はひそかに嬉しかった。彼の勉強の仕方には喧嘩腰以外のことは想像もつかなかった。そこでも、彼は仲間だ、と私は思ったわけである。

金子先生はシベリア帰りであった。共産党員であったかどうかはわからぬが、話しぶりは左翼ふうで、授業を放棄して何週間も語り継ぐシベリア強制収容所にかんする体験話には、権力批判の趣が滲み出ていた。あの先生なら貧しい海野を応援して何の不思議もないと私は感じた。

私たちが中学三年生であったのは一九五三年から五四年にかけてであって、ソ連の独裁者スターリンが没し、朝鮮戦争が休戦に入った年である。その前年には、サンフランシスコ講和条約で日本が曲がりなりにも独立し、同時に日米安保条約が発効していた。国内にあっては、共産党（所感派）の火焰瓶闘争が暗礁に乗り上げ、北海道でも白鳥事件（白鳥警部射殺の嫌疑が共産党札幌支部にかかった事件）で共産党が窮地に陥っていた。そうした冷戦構造下での左翼の変質といった経過について、若い私たちが詳しく知る由もなかった。私が中学生の時期にぼんやりと感じていたのは、一つに、時代の暗さということであり、二つに、社会の暗さが個人に真面目であることを強く要求しているといった体の、人間の素朴さあるいは真剣さといったことだけであった。

たとえば私の場合、ソ連のミグ戦闘機と交戦すべく北海道上空を飛び回っているという夢想を布団のなかで紡ぎ、それで寒さを凌いだりしていた。ミグが北海道上空に侵入した、という新聞記事に触発されてのことである。また「アカ」というのは世の中を乱す悪い奴だくらいにしか思っていなかったにもかかわらず、自分がアカとなって、つまり共産主義の赤旗を振って、警官に追われることに強いヒロイズムを感じてもいた。また、ノンフィクション・ライターの（白石村から同じ中学校に通学していた）保阪正康氏によれば、私は札幌駅で、私自身は覚えていないのだが、「人間が猿と違うのは生産手段を所有している点だ」などといった学校で習い立ての唯物論風のセリフを吐いていたそうである。それもまた当時の知的水準の低さを反映しているのみならず、私という少年にあっては知的誠実の表明（のつもり）だったのであろう。

金子先生もそうした誠実の様子を醸し出していたが、二年生の中ごろまでの私の学校の担任であり、国語と図画の先生でもあった俵谷《たわらや》先生もそうであった。彼女は私の素行の悪さには手を焼いていたようではある。それでも、私をさりげなく応援してくれていた。俵谷先生が結婚して東京方面に行ってしまい、私はその送別会に出るのも拒むほどに落ち込んでいた。自分の落ち込みを他人に知られまいと努めてもいた。そういう私に、彼女の親しい友人であったある女教師が——蓮沼という苗字のはずの先生であった——廊下で声をかけてくれた。「あの生徒は自分の思う通りに生きるしかない性格だ、自分の道を進めと励ましてやってほしい、何か問題が起こったら慰めてやってほしい」と俵谷先生から頼まれたとのことであった。

海野にせよ私にせよ、いや海野は私の何倍もの感受性で、そうした励ましに敏感であった。まともな教科書もまともな授業もなかった中学教育ではあったが、それゆえにかえって、教師と生徒のあいだに、あるいは生徒同士にあいだに、忘れ得ぬ人格的な接触が生じることもあったのである。戦後復興がすでに軌道に乗りはじめていた時期であるにもかかわらず時代遅れの空腹とでもいうべきものに苛まれていた我ら二人も、いくつかの思い出を持つことができた。逆境にも楽しみがなくはない、ということなのだと思われる。

この店のお情けで生きているんだ

私の進んだ札幌南高校は元は札幌一中といい、道内で最上位の名門校であり、また進学校でもあった。入学の初日に驚いたのは、私の前の席にあの海野《うみの》治夫《はるお》が座ったことである。ずいぶんあとになって知ったのだが、まず彼の担任の金子先生が南校《なんこう》進学を勧め、薄野で「その種の仕事」をやっていた彼の姉と刑務所に出たり入ったりしている彼の長兄の八九三仲間とが、最初は「まさかあのチビが南校に行くとは」と驚いたものの、金子先生の是非にとの勧めに応じようではないかということになったらしい。

私が驚いたのは彼が南校生になったことについてではない。あの街頭の香具師《やし》みたいな恰好をしていた海野が新品の学生服を着込んでいることにたいしてであった。これもあとで知ったのだが、入学の直前に、薄野で火事があり、第一発見者である海野が警察から表彰され、そのことと彼の下宿も焼け落ちたことを知った柏中学の同級生たちが、彼に学生服と学用品を寄附したのである。

私と彼が、高校一年のとき、その一年間だけ、なぜあんなに学習に励んだのか、思い返せば少し不思議である。私たちはクラスで一、二番の成績ということであった。しかし順位が両者の関心事だったというのではない。というのも、授業を無視して自分で教科書や参考書を読み進むという形での独学の学習がどんどん先に進んでしまうということであったからだ。私の場合でいうと、その一年が終わるころには高校の三年間分を、粗方《あらかた》、終えていたのである。

そんな具合であったから、教室での授業は実質的に放棄しており、それで、試験の成績のことは二の次になっていたわけだ。彼もおおよそそんな調子で、しかし彼の場合は薄野の大人たち（そして彼らから海野の世話を頼まれた居酒屋夫婦）の期待に応えたいとの気持ちもたぶん加味されて、勉強に精出しているように見受けられた。

大学進学のことを早期から考えてそうしていたというのでもない。そんな三年後の話が私たちのあいだで交わされたことは一度もないのである。海野については、その生活環境からして、大学について想念することはありえても、それはリアリティのない夢想のようなものであったろう。私については、これは本当のことなのだが、大学のことは念頭にもなかった。一学年違いの兄が、高校の二年間、音楽クラブの活動に明け暮れて勉学を放棄しているのをみて、父親が「うちには財産というものがないんだ、子供を私大に入れる資力もないんだ、お前には北海道大学に入ってもらわなくては困る」と兄に申し渡しているのを聞いて、「そうか、大学というものがあるんだったなあ」とあらためて気づいた、といった調子であった。

要するに、負けず嫌いの喧嘩腰で、課題とおぼしきものをさっさと片づけてしまえ、と構えただけのことかもしれない。そういえば、ふざけた数学の問題集があって、今から思えば「フェルマーの大定理」の応用問題が最後に載っていた。つまり、$x^n+y^n=z^n$（自然数$n \geqq 3$）において、ゼロ以外の正の整数解x、y、zは存在しない、というのがその定理であるのに、（nを3に固定した上で）その整数解を求めよというのである。解けない問題があるという嫌な気分が半年ばかり続いたのをはっきりと覚えている。つまり何かを理解したり何かを記憶することで他人に負けたくない、そうなることで生き抜く自信を身につけたい、という衝動に突き動かされていたということなのであろう。

だが、学習に熱中するのが周囲にとってはニューサンス（迷惑）であることも私は学びはじめていた。まず父親が――彼は私が高校に入るのと同時に網走から札幌に戻っていた――夜遅くまで勉強している私に、「いつまで勉強しているんだ、馬鹿者」と怒鳴りつけた。狭い家で子供が夜遅くまで起きているのは両親の夜の生活の邪魔になる振る舞いだとわかったのは、高校を卒業するころかと思うが、高校一年の段階でも、たしかに、家族そろって眠りにつくのが正道であろうと感じてはいた。

それ以上に応えたのは兄のことである。高校二年になったとき、兄たち三年生と一緒に大学入試用の模擬試験というものを（担任の教師の勧めで）受けてみたら、ほとんどの科目で自分が五番以内とか十番以内に入っている。そうと知って兄が、半ば感心したような素直な面持ちで、半ば途方に暮れた暗い表情で、私の顔を正視しながら「お前、本当に勉強できるんだなあ」といった。それ以来、私は模擬試験を受けることはなかった。

後日談として、もっときついことがあった。三十三歳になった私がヒロポン患者となりはじめていた海野と会ったとき、彼は懐かしさと寂しさの入りまじった口調でいった、「俺が勉強をやめたのはねえ、その一つの理由はなあ、いくら頑張っても君に追いつかないんで、嫌になっちゃったということもあるんだぜ」。この科白《せりふ》は大学教師になった私への御愛想ということであったのかもしれない。とはいえ、成績が一番であったら空腹にもう少し耐えられたかもしれない、と海野が考えたというのはありそうなことだ。

しかし当時は、私のほうこそが救済してもらいたい事情にあったのである。私は、あとで述べる理由で、高校二年の秋から一切の勉学を放棄し、というより活動的であることを一切やめ、他人には微笑んで応対するだけの、内心は憂鬱というよりも空虚で満たされるだけの、状態へと墜落していった。海野が（少なくとも世間的な意味では）墜落の人生に入っていくのに際し、そんな私の存在が（少なくとも一つの副次的な）原因になっていたのだと思うと、こちらのほうがよほどいやになってしまうわけである。

我らにわか仕立ての勉学少年は相変わらず飢えていた。正確にいうと彼のほうは、常住坐臥、飢えており、私のほうは、時折に、とくに彼に昼食を奢った後の数日間、飢えていた。手記によると、海野がそれを取り違えて、「西部は、俺のために、弁当を持ってこなくなった」と思っていたらしいが、それは事実ではない。つまり私にあっては、父親が札幌に帰ってきたおかげで、昼食用のパン代にありつくことができたわけであるが、三日分とか六日分をまとめて頂戴したときには、海野をラーメン屋などに誘い、それであと数日は昼食抜きということになっただけのことである。

海野は、高校入学のとき、「立派な高校生が誕生したのだから、肉親が面倒をみるべし」という話の道筋で、姉と暮らすことになった。その姉は、海野がいうところの「仕事」に、あるいは姉をかばう海野のぎりぎりの表現でいえば「客引きをしてバックマージンをもらう仕事」についていた。姉の仕事がそういう種類のものであることは海野にとって当たり前のことであったから、末っ子よろしく十五歳も年長の姉に、久方ぶりに甘えていたのであろうと私は想像する。しかしじきに、姉に海野より年下の若い「オトコ」ができた。そのみるからにヤワな男が自分の姉を苛めたり自分に訳もなく絡んでくるのに堪りかねて、行く当てのない海野は、致し方なく（中学生のときに面倒をみてくれていた）居酒屋夫婦のところにころがり込む。

彼は正規の課程より一年遅れて中学校に入っているので、高校一年は十六歳から十七歳にかけてのことだ。居酒屋に居候した人間には、宿主にたいして何らかの要求を発する資格はいささかもないことをよく承知しうる年ごろだということである。宿主が精一杯に自分の面倒をみてくれているとわかればなおさら、彼にあって遠慮せねばとの思いが膨らんだことであろう。ましてや、その宿主夫婦は、深夜に及ぶ接客仕事とその後始末で、昼近くまで白河夜舟である。高校生のアルバイト仕事があるような御時世でもなかった。だから、居酒屋の台所の余り物が（泊まり込みの女給のための）賄い料理で消費されてしまうことが多いからには、朝食からも昼食からも自由である、つまり飢えっ放しである、それが私の親友の実情だったわけだ。

当時、私には彼の暮らしの内情はよくわからなかった。だが、一種凄惨なその顔付きから、何となく彼の窮状が察しられ、ほんの時たまのことに過ぎないと記憶しているのだが、ラーメン、オヤキ（今川焼き）、パンなどを彼に奢っていた。私への御礼返しの意味もあったのだろうか、たぶん秋の時節に、「俺の家へ寄ってくれ」と彼はいった。

自衛隊の官舎の前あたりに、二十軒くらいの飲み屋や小間物屋が、長屋のように連続した形で、軒を並べていた。その奥まったところに件の居酒屋はあった。腰の低い、おそらく三十歳代前半の夫婦で、「治夫のことをよろしくお願いします」といって、二人そろって深々と頭を下げた。二階に上がって、出された煎餅でも二人は齧っていたのではないか。彼がうつむいたまま次のようにいったのを私は覚えている。

俺、この店のお情けで生きているんだ。

君には両親はいないのか、兄姉はいないのか、親戚はどうなっているんだ、小学校に通ったことがないという噂を耳にしたことがあるが本当なのか、なぜこの店が君にお情けをかける成り行きとなったんだ、などといったことについて私は一言も口にしなかった。というのも、その何日か前に、ラーメン屋で「俺には他人にいえないことがあってね」と彼が漏らすようにいったとき、彼は朝鮮人なのだろうな、と私は思っていたからである。つまり私の窺い知れない環境のなかで生きてきた人間にあれこれ質問するのは無礼と思われたのだ。

あのとき、なぜ、私は彼を朝鮮人と考えたのであろうか。実体験において朝鮮人に接したことは、それまでの私にはなかった。私の両親もそういうことについて喋っていたのを聞いたことがない。厚別村の小学校に通っていた敗戦の翌年ころか、冬のある「しばれる」日に、駐在所の前が人だかりで、中を覗いてみたら、土間の上に、顔中血だらけで一人の男が手錠をはめられたまま、雪が全身にこびりついた姿で横たわっていた。村の大人たちが「朝鮮人の強盗だ、野幌《のっぽろ》原生林――正しくは原始林といわれていた――に逃げ込んで捕まったんだ」と囁いていた。捕まった者は眼を宙に据えていた。ただ、子供心に、その眼線の意味するものが絶望なのだということはわかっていたのである。

私は自分の親友が自分の隣りでいつも瞋恚《しんい》を、つまり「焔となって身を焦がす怒り」のようなものを、発散するのを感じていたのかもしれない。そして私の意識の奥底に、「朝鮮人とは瞋恚のような一般の日本人にみられない強い感情を持ち合わせている人々のこと」というカテゴリーが出来上がっていたのかもしれない。そして、日本人らしくない者は朝鮮人というのが当時の日本人の人種分類だったのである。

そんな範疇に属さない朝鮮人がたくさんいることは、東京に出て来てからの生活体験を通じて、また人間一般についての自分の認識や想像が成長するにつれ、よく了解した。それでも、彼らの心中の奥深くに瞋恚が隠されているのではないか、と推測してしまう傾きが、今でも、私にはある。

断っておくが、瞋恚が貪欲と愚痴と並ぶ（仏法でいうところの）三毒の一つだということを強調したいのではない。むしろ、それら三毒の強さを深く味わった者だけが、施《せ》・慈《じ》・慧《え》の三善根に近づきうるといいたいくらいのものである。私の親友には、若いときから、貪《どん》も痴《ち》もなかった。そして一生かけて瞋を慈に転化させるべく努め、そして最後に、その転化の最後の一歩を渡るべく、焼身もしくは入水の挙に出たのではないかとすら思われるのである。

話がどうも理屈っぽくなってしまった。私のいいたいのは、「自分だけ食べて彼が食べられない」という状態を放置するのは貪だと私が感じていたということである。で、私は施の行為に出た。そうすると、彼のほうは慧をはたらかせて返礼しようとしたもののようである。次のようにいった。

昼から学校をサボって、ねえちゃんのところにちょっとたかりにいこう。

彼の姉は薄野——ひょっとしたらそれに隣接している商店街狸《たぬき》小路だったのかもしれない——の裏町の屋根裏めいたところにいた。たしかに、それらしき職業に従事している人の姿と思われた。つまり化粧が濃く、着ているものが少し派手で、眼に険があった。その姉に、彼は、私が「もうよそうよ」と声をかけざるをえなかったほどに、しつこくたかり、とうとう五百円をせしめた。そして映画館の二階で、「これ旨いんだぜ」と嬉しそうにしながら、ポップコーンを頬張りはじめた。もちろん、私にも分けてくれた。

彼は、あきらかに、自分の姉に甘え切っていた。また、前の座席の背にどんと両足をかけるときの風情には、薄野に慣れ親しんでいるという調子があった。死者には失礼な言い種だが、これでは調子者のチンピラ丸出しではないか、と思ったものだ。あの激しく暗い情熱に突き動かされている我が友にもまるで母親に(道民のよく遣《つか》う、たぶん東北弁由来の言葉でいうと)「だはんをこく」、つまりうるさく騒ぎ立てて我が儘を通すような、幼い一面があったのかと驚きもした。そのことを思い出すたび、彼の故郷は札幌の繁華街の裏通りであったのだ、と得心するほかない。

絶望しか生み出さないような場所から彼は連れ出され追い出された。それ自体は踊り出したくなるくらいの幸運であり僥倖であったのだが、しかし行く先が身の細るような居候生活であり、柄に合わない勉学生活であるとしたら、誰しも、希望は苦く絶望は甘い、という心境に突き当たるのではないか。だから私は、彼の示したあの一見したところだらしない挙動のなかに、故郷に帰った者の安堵をみたのである。

とはいえ、彼はおいそれと故郷に帰還することの叶わぬ身であった。冬の時分であったろうか、彼の両手が無気味に腫れ上がっているので、どうしたのかと尋ねたら、彼は次のように応えた。

姉貴のイロが姉貴に乱暴をするんで、階段の上から叩き落としてやった。これでもうねえちゃんのところには顔を出せないなあ。

察するに、一日一食の生活にあっても、それに堪えられなくなったら、彼はねえちゃんのところで飢えを凌いでいたのであろう。いってみれば、彼女は末弟にとってのセーフティネットつまり安全網であったのだ。その網を自分から切ってしまったことの脅えとそうせざるをえなかった成り行きへの怒りが、彼の全身をとらえていた。私にいえたのは「ちょっと煙草を吸いにいこう」ということだけであった。

豊平川の冷たい浅瀬を渡って、母子草《ははこぐさ》が枯れたまま残っている中州の砂地に腰を下ろして、私たちは黙って煙を吐いていた。私が「俺も頑張るから、君も頑張れよ」と平凡なことをいったら、彼は「兄貴と同じことをいうなあ」といって苦笑いした。私は、彼の兄のことは知らなかったので、「兄貴がいたのか」と問うた。

うん、上のは刑務所にいて、下のは東京で料理の修業をしている。頑張れよ、と泣きながら俺にいって北海道から姿を消したのは下のほうだ。

そのときはじめて私は両親のことを尋ねた。彼はいいづらそうにしていたが、吐き出すようにいった。

とっくの昔に死んじゃったよ。

私にはそれ以上の言葉はもうなかった。私には両親がおり、兄妹そろって一つ屋根の下に暮らしている。いくら若くても、彼と私のあいだの懸隔を埋める言葉がもうないくらいのことは察しがつくのである。正直にいうと、この友を救いたいと私は念願した。同時に、自分には彼を救出するどんな能力もないのだと悟った。それからの二人は、一緒に外で食べることはあっても、ほとんど言葉を交わすことがなかった。そんな一年ばかりが続いたのである。

彼にはむろんのこと、私にとっても、北海道の冬は恐ろしかった。ひもじさの苦痛は、それに寒さが加わると、倍加するどころの話ではないのである。私の場合、兄もそうだったのだが、北海道で暮らしていたあいだオーヴァコートというものを着たことがない。母親が、米軍の穀物袋を真っ黒に染め、それでジャンパーもどきのものを作った。それには（どこで手に入れたのか）ファスナーがついていて、恰好は悪くなかった。しかし、寒気を防ぐには不十分きわまる代物にすぎなかった。海野の場合はというと、そうした間に合わせのコートすらなかったので、教室の前方にあるストーヴのそばに座席を移す、それが唯一の防寒対策だったのである。

最も恐ろしかったのは冬場に何回かあるスキーの授業であった。我々二人だけがスキーというものを持たなかったこと自体はどうということもなかった。二人でどこぞから橇《そり》を運んできてジャンプ台の急な坂を――もちろん跳躍板の下あたりから――奇声を上げて滑り落ちていればよかったからだ。厄介なのは山の寒さで、骨まで凍る思いがしたものである。温度は低くなってもせいぜいが零下二十度くらいであったのだが、オーヴァコートがなければ、耐え難い寒さといわなければならない。だから我々は、スキーの授業はたぶん二回切りで、あとはサボることにしたのである。

そんな折であった、私たちが「貧富の格差」にたいして、今から思えば恥ずかしくも――つまり結局は愚痴にすぎぬことになるのだが――喧嘩腰になってしまったのは。彼の手記にも「学芸大付属中学からやってきた連中をみたとき、ウカウカしておれないと感じて、猛烈に勉強した」と書いてある。私にもそういう動機がはたらいていたのかもしれない。その付属中学の卒業生たちは、単に立派なオーヴァコートを着ていただけではない。富裕な社会階層の子弟に特有の明朗さ、闊達さ、穏健さ、聡明さを自然に身につけているようなのであった。彼らからみれば、海野や私に典型をみるような野蛮でねじ曲がった言動をする徒輩になぜ学業の面で後塵を拝さなければならないのか、不思議であったに相違ない。

どうしてこんなことに言及するのかというと、海野も私も、当たり前のことだが、異性のことを思う年ごろになっていたからである。両名は、自分らの格好や素行からして、女性たちの歯牙にもかけられない存在であると自己認識していた。その点でも、二人は共通していた。いささかならず奇矯で、かなりに汚濁にまみれている、それが我らの自画像であった。

そんな画像に興味を抱く異性もいないわけではないということを知るには、二人ともまだ幼なかった。そうであればこそ――これはずっとあとになって判明するのだが――彼も私も、今と比べればけっして早くはないものの当時としては遅いとはいえない、同じく十九歳のときに、東本願寺通りあたりにあった汚濁の場で、つまり娼窟で、異性との身体的な初体験を、もちろん別々に、すますということになるのであった。

こんなことはどうでもよい。私の指摘したいのは、私には彼を助けようもなかったものの、もし彼のことを心底から気にかけてくれる異性がいたならば、その人がたぶん彼を救ったであろう、というヒストリカル・イフ（歴史上の〝もしも〟）についてである。現実の家族がなければ、恋愛を通じて想念される可能の家族でもよい。ともかく家族という感情や観念によって下支えされなければ、人の精神も行為もえてして下方運動へと吸い込まれ、その転落の速度を活力と取り違えるといったことになりがちなのである。私には家族があり海野にはそれがなかった。そのどうしようもない重い真実が、あの豊平川の中州ではっきりと浮上したのではないか。それがそれ以後の二人に沈黙を強いたのではないか、と今にして思う。

このようにして、いささか精神的同性愛の気味を伴った我ら二人の関係は、ひとまず終止を迎えた。だがその終止の向こうに、彼には暴力から（ヒロポンの）混濁への道が、私には自閉から（学生運動の）暴力への道が、それぞれ敷かれていようとは、当時はやはり想像の及ばぬことであった。

ジュリアン・ソレルの気持ち、わかるよ

昭和三十年、私たちの世代が高校二年生のとき、海野《うみの》と私はまた同じクラスに属することとなった。世間では、その年つまり一九五五年に特筆すべきことが国内でいくつも起こったとされている。まず、「もはや戦後ではない」との認識が、経済白書に認《したた》められるのは翌年のことであるが、広まりはじめた。経済復興が完全に軌道に乗ったということである。政治では、第五次にまで及んだ吉田（茂）内閣が（その前年末に）終焉し、鳩山（一郎）内閣となった。それにつれ、体制批判派が社会党にほぼ統一され、それへの対抗として体制擁護派も自由民主党に合同していった。つまり「五五年体制」が出来上がったわけだ。

日本共産党にあっても、いわゆる六全協（第六回全国協議会）が催されて、それまでの武装闘争路線やその失敗への反動としての（歌声運動にみられたような）大衆迎合路線がそれぞれ反省されたのである。反省されたのはよいとして、残ったのは単なる精神的空白である。だから翌年に起こった反ソ連のハンガリー革命を批評する力量は日本の左翼陣営にはまったくない、という事態になっていったわけだ。

そんな政治経済の動きに私たちの世代は、少なくとも札幌において、まったく無関心であった。後

追いで考えると、たしかに「戦後」の緊張はほどけたのであって、精神的な無風状態のようなものが社会全体を覆い、未熟な世代がそれに素直に感応したのかもしれない。あるいは、冷戦構造における米ソの両国から――個人主義と社会主義という互いに対極の方角から――注入された「平和主義と民主主義」そして「進歩主義と人間主義《ヒューマニズム》」といったイデオロギーが戦後日本人の精神の隅々にまでいきわたり、それゆえ、それらはもはや新鮮な観念ではなくなったということかもしれない。いずれにせよ、アポリティカル（無政治）と形容さるべき怠惰な雰囲気が、政治の分野のみならず文化の全域を包んだ、それが五五年体制の実質なのだと思わずにおれない。

そんなこととは露知らず、海野と私は、被占領期と重なる自分らの少年時代が、何の展望も与えられないまま、足元から音立てて瓦解していくのを感じていた。

海野の「空腹」はすでに臨界線を越えていた。手記のなかで彼は「空腹のことが恥ずかしく、そして空腹に堪えて勉強する気力がもうなくなった」とだけ書いている。その顔付きは次第に凶暴味を帯び、私が声をかけても顔を背けることが多くなった。それでも彼が登校してくるのは、さしあたり、学校以外に出向くところがないからだと察しられた。というのも、私がたまたま早い汽車に乗ってしまって、早めに教室に入ったとき、彼が教室の隅で、女生徒たちの座布団を集めて敷いて被って、寝ているのを目撃したことがあるからである。

どこかのボクシング・ジムに潜り込んで砂袋を叩いている様子であった。また、どこで喧嘩してくるのか、彼の手の甲は傷だらけであり、時には顔に傷を負っていることもあった。そんな姿になれば、物言いも粗暴になって当然であるから、居酒屋夫婦の世話を受けるのはさらに憚られる、といった有り様だったのであろう。姉の「イロ」を傷つけて以来、「ねえちゃん」のところの敷居も高いままであるようだった。二人でラーメンを食べることもほとんどなくなった。夏休み前であったか、久し振りにラーメン屋で並んで座ることがあったが、彼は沈黙を通し、食べ終わると俯いたまま「西部、俺のことは放っておいてくれ」といって、席を立ち、いなくなった。

彼の不良化は本格的であったので、喧嘩に勝ち、そして小銭を獲得する、ということなのかと私は推測していた。しかし、手記によれば、その道もたやすくなかったようである。相手の不良たちは何人かの集団でいることが多く、まずは叩きのめされたらしい。また、南校という進学校に所属しているせいで、不良たちに眼をつけられることも多かったという。しかし、のちに「マムシの海野」という仇名がつくように、彼は簡単に引き下がるような性格ではなく、事後に相手を一人ずつつけ狙って報復を果たしたとのことである。

それにしてもあの年は、校内にも市内にも、急に荒廃の気配が漂いはじめたように思われる。なぜそうなったのであろうか。無風のなかでの荒廃というのも変な言い方だが、海野のことを例にしていうと、生きる気概を失えば死ぬ気概を得る、ということなのであろうか。時代についていうと、アポリティカルであるというのは、暴力のような政治の堕落形態がはびこるということなのであろう。ともかくその年にだけ、「××校の不良と眼を合わせるな、彼らは指のあいだに安全剃刀を挟んでいるので顔をずたずたに切り裂かれる」といった物騒な話があれこれと伝わってきたのである。

それらの噂は根拠のないことではなかった。ある日の夕方、狭い市電のなかを××校の不良が三人ばかり、我物顔で騒ぎ立て、そのうちあちらの端からこちらの端へと通路を走るといったような振る舞いに及んでいた。周囲の大人たちはじっと我慢している。私は、急に腹が立って、足を伸ばしてやった。相手は文字通りにもんどり打って引っ繰り返った。彼らがテメエとか何とかいって私に詰め寄ってきたので、私は「ずたずたに切られるのか」と覚悟した。

そのとき私の隣りに座っていた四十代の小母さんが何事かを絶叫しつづけながら、私の腕をつかんで電車を降り、なおも絶叫をやめないまま狸小路の裏通りの小さな商店へと駆け込んだ。××校の不良たちは、少し追いかけてきたが、彼女のあまりの剣幕に呆気にとられたのであろう、途中で足を止めた。自分の遠い親戚であるといぅその商店主に彼女がいぅには、「一週間前に自分の甥が顔をずたずたに切られた、そんなことは二度とみたくない」とのことであった。

海野はこうした時代の雰囲気に素直に感応したかのような調子で荒廃のなかに突入し、私の手の届かぬところにいってしまった。それでも教室には一応は顔を出し、休み時間には（教室のなかで、窓際の席で）煙草をふかし、授業中は机に俯せになって眠りこけるか、またはノートに何事かを夢中の様子で書き込んでいた。教師たちは、そういう海野の振る舞いについては、みてみぬ振りをする以外になかった。それくらい、彼にあって荒廃への決意があたりを威圧するほどに凄まじかったということである。

いや、彼の心のなかには暴力への逡巡がしつこくくすぶっていたとも思われる。つまり、その「ノート」のことであるが、そこには生きることをめぐる不安が、不安を追い払うことの必要が、そして必要を果たすことの困難が、縷々、記されていたらしい。そのノートをクラスの才女たちが彼の机のなかから発見し、ひそかな噂話の種としているのをある（今は私の妻になっている）女生徒が耳にし、他人の秘密を覗くなんて、と嫌な気持ちになったという。その内容は私の知るところではないが、想像するに、彼の「ノート」には私も一役買っているのかもしれない。

その前後、収入面で少し余裕のできたらしい私の父は、子供たちへの情操教育としてであろう、世界文学全集のようなものを購入し出した。それを読むのは我が家で私だけであり、私は、やがて、授業を無視して小説類に読み耽るようになった。私の気掛かりとなっていたその女生徒が——これは、まったくの世間知らずのせいで、授業の何たるかをわきまえていなかったことの現れとして——机の上にでんと文学書をおいて朝から夕までそれに没頭していた。当時の教師たちはそういう風変わりな生徒を見過ごしにしていたのだから、牧歌的な時代であったということもできる。ともかく私には彼女の我が道をいく、というより我が道のことしか眼に入らないといったふうな態度のことがさらに気掛かりになり、私も文学なるものに接してみたわけだ。いわば「ミイラとりがミイラになる」の顚末なのであった。

海野は「読み終わったら俺にみせてくれ」といった。巷での暴力沙汰から退却した折に、夜更けから居酒屋の台所で、あるいは校内のどこか明かりがあるところで、トルストイやドストエフスキーを、スタンダールやバルザックを、トーマス・マンやヘッセを読みつづけたのであろう。それらの本のやりとりのあいだも、私たちには会話らしきものはなかった。私が覚えているのは、彼が『赤と黒』を返しにきたときのことだけである。

ジュリアン・ソレルの気持ち、俺、わかるよ。

さもありなんと思った。我が身における勉学の放棄と暴力への傾斜、それがソレル流の野心の挫折と映じたのであろう。いや、赤色で象徴される軍人と黒色で象徴される僧侶との特権を彼が望んだはずはない。そもそもそんな特権に近づく機会は彼には、彼のみならず同世代の我らすべてに、いささかも与えられていなかったのである。彼の野心たるやまことにわずかのことだったのであって、ただ、道内随一と世間で評されている高校を卒業することにすぎなかった。

野心のために誰かを誑《たぶら》かすソレル流の企てなどは彼と無縁のことであった。彼が必死になって算段しもろくも潰え去っていった企て、それはきりきりと胃袋を締めつけてくる空腹感を何とかやり過ごすことのみであった。海野にとってのジュリアン・ソレルは、貧しく生まれ育った者に訪れる足掻きの人生の代表者ということだったのだと思われる。

ついでにここで付記しておくと、彼は達筆であった。私の書記も達筆とよばれることが少なくないのだが、彼のは私のとうてい及ばぬ水準にあった。その手記も、文脈はともかくとして、それぞれの文章は明解といってさしつかえない。――ところどころに大言壮語が入るのは、八九三生活のなかでの講談本の読みすぎかヒロポン中毒による誇大妄想の後遺症かと思われる――。ともかく、その年一杯、彼は読みもしたし書きもしていたのだが、それが真っ当な生活への思いの最後の一片を燃え尽きさせる所業となったのであろう。

さらに私はもう一役を買っていたのかもしれない。つまり、彼への心配のみならず、関心をも失わざるをえない羽目に私自身が不意に落ち込んだのである。他所で――たとえば拙書『寓喩としての人生』で――少々詳しく書いたことなので簡単に記すと、その夏、私は自分の（二番目の）妹を交通事故に遭わせてしまった。自転車に彼女と一斗の米袋を載せて厚別村の坂道を下るときの出来事であった。

百に一つの幸運に恵まれて、容子という私のお気に入りのその妹は死なずにすんだ。だが、大きな荷馬車の大きなタイヤがゆっくりと彼女の腹上を回っていき、それにつれ彼女の眼がぐうっと見開かされていくあの光景、そして私の視界からすうっとあらゆる色合いが褪せていくときのあの生理を私は忘れることができない。三年前にも、彼女が（たぶん往時の大量輸血に起因する）肝臓癌で亡くなったときも、柩に横たわったその死に顔をみつめているうち、あの光景とあの心理が蘇ってきて、私の眼から、喉から声は出ないのに、涙が三十分ばかり流れつづけたことがある。

その秋から私は、今風の表現でいえば、自閉したのだと思う。この事故のことは誰にもいわなかったから周りの者は奇妙と思ったであろうが、私はただぼんやりと時を過ごしていた。時々に頭を振っていたのは、妹のあの大きな眼に脅えてのことである。何も考えず何も読まず、他人からの問いかけには――教師のものも含めて――頬をちょっとゆるめた訳もない笑いで応えるだけで、試験の答案を白紙で返すことも厭わなかった。汽車の窓からは石狩平野の畑や川を眺め、市電の窓からは建物と人々の群れをみやり、我が家のあたりでは林に入り込むか布団にもぐり込むかしていた。吃りの癖も激しくぶり返して喋る能力そのものを失っているというのが実際でもあった。

だから、その秋の修学旅行に参加する気は毛頭なかった。前年に兄も（経済上の理由で）参加しなかったので弟めたる私もそうする、という事の流れもありはした。しかしそれ以上に、身も心もただじっとしていたいというのが私の本心であった。それなのに相原先生という（表面は皮肉屋だが本当は熱意あふれる）担任が海野と私をよび出した。「お前たち二人は素行不良だが成績優秀だ、いろいろな事情があってそうしているんだろうが、ともかく修学旅行に加わりなさい、学校にはそういう生徒のための特別の予算もあるんだ」と相原先生は私たちを説得した。

海野は「お恵みをもらう気はない」といい、私は「旅行に行きたいとは思わない」といった。海野はその場で「お前は行けよ」と私の態度に不満げであった。そういえば彼は、焼身自殺を敢行する一週間前にも、「君が修学旅行にいかなかったのは俺のためだったんだろう」と質した。私は、自分のためだったと正直にいわずに、「どうしてわかったんだ」と応えた。彼は「そういうことはすぐわかるもんだよ」と照れくさそうにしていた。

当時、私は彼への友情を持ちこたえ切れなくなっていたのである。彼がやがて退学しアウトローになるであろうことは予測がついていた。しかし、アウトローにすらなれずに、あの哀れな妹の哀れな眼に追いかけられて、自分の罪に恐れ戦《おのの》いているといった有り様のこの自分、それを私は持て余していたのだ。

ふたたびヒストリカル・イフ（歴史上というよりも物語《ストーリー》上の〝もしも〟）を思う。もし、あの夏、私が正気を保っていたら、そして両親や教師などに「あの海野を助けるべし」とはたらきかけていたら、彼の人生は少しは変わったのであろうか。彼の気持ちの半分は「グレル」方向に進んで入り込み「たい」のであろうと私は忖度していた。しかし、手記を読んだあとでは、そうかもしれないしそうでないかもしれない、としかいえないのである。つまり、選択肢がたった一つしかないところでは自由は意味をなさない、といいたくなるような厳しい制約条件が彼に課されていたということだ。その条件をゆるめるのは、やはり、彼の周囲にいた人々の仕事であったはずである。

　実は、手記で知ったのだが、たぶん相原先生の配慮で、彼は奨学金をもらえる段取りになっていたのである。当時、そうした助成制度がまだ整っていなかったのであるから、海野の貧窮がよほどに目立っていたということなのであろう。しかし札幌市の係員が彼に「生い立ち」を語れと要求し、彼が正直に自分の人生について報告したら、めったに聞くことのない悲惨といってよい内容であったため、彼は嘘吐《つ》きよばわりされ、それに彼が激怒し、「うるせえや、俺は乞食じゃないんだ、嘘吐きとよばれてまでテメエらから施しを貰いたかねえんだ」と啖呵を切り、話がぶち壊れてしまったというのである。

　実際、嘘を吐いて生活保護を受けようとする人間が昔も今も少なくないわけであるから、その市役所職員を責めても致し方ないのかもしれない。しかしそういう誤解を防ぐ手立てを周囲の者たちがあらかじめとっていたら、と思うと残念な出来事であったと思わざるをえないのである。

　奨学金話が実現していたら彼は北大生になり、彼は弁舌が巧みなので道内有数の弁護士になり、やがて弁護士出身の北海道知事が生まれる、というふうにヒストリカル・イフはどこまでも続きうる。私にとっては知事よりも八九三の友のほうがよいのだが、しかし、彼の姉や妻や娘にとっては知事であってほしいということになるかもしれない。

　こんな想像はやってても冗談になってしまうとわかってはいる。しかし、彼が一度は「奨学金があればこの空腹が充たされる」と考えたことだけは確かである。それは、本人も然《さ》りながら周囲の者たちの気遣いがもう少し丹念であったなら、容易に満足させられた程度の欲求にすぎない。そのことを思うと、人間関係というもののあまりの脆さに慄然とする。

　同級生たちが修学旅行で関西に向かっているあいだ、我々二人にも登校し自習することが義務づけられていた。義務を忠実に果たすような生徒ではなかったが、それでも海野と私は、その間、二、三度は会ったように覚えている。二人とも学校のほかに行き場所がなかったのである。ただしそこにあったのは、当て処《あど》もないのに疾走せんと身構えている者と身構えることの何たるかをすら忘れて心身を弛緩させている者との奇妙なコントラストだけだったのであろう。

　ともかく、その年の秋から冬にかけて、私の記憶はほとんど空白なのだ。いや、一つだけ覚えていることがある。ある寒い日、授業中に海野が外から入ってきて、がたがた震えながらストーヴにあたった。身体を温めようとして学生服のボタンを外したら、そのなかには下着の一枚もないのがみえた。実にうすら寒い光景ではあった。

　年が明けたら、海野はもういなかった。彼が退学したと聞いても、私の気分は沈んだまま動かなかった。校門で「たかり」をはたらいている彼の姿を何度かみかけはした。それでも私の気分は動かなかった。いや、思わず知らず、一歩か二歩、彼のほうに足が動いたものの、言葉が出てこなかったのである。それもそのはず、私の言語能力は知的障害者と認定されても文句のいえぬような状態になっていた。彼のほうは、アウトローとしての覚悟を固めたせいであろう、妙に高ぶった元気な声で、「おお、西部、元気でな」と私に声をかけ、すぐさま次の「お客さん」を脅かしにかかっていた。

　当時の私のことを妻は「どこかの星からやってきたような妙な男」であったという。高校一年生のときに三年間分の勉強をやり、それ以後、沈んだ草色の顔でほとんど何も喋らず、何も勉強せず、白紙の答案を出して教室を出ようとしたら「お前は東大を受けるんだろ、何をしているんだ、何を」という教師の叱責を背に受ける、たしかに変な高校生ではあった。

だが、若者の生命力というものは嫌になるほどに強い。高校三年になったとき、父が札幌市内の社宅に越してきたことも私が生命力を取り戻すのに貢献してくれたのかもしれない。その年の夏場あたりから、妹の事故のことを脳の奥底に追いやるのに少しは成功したのであろう、また妹も少しずつ元気になってきたおかげか、小説の類ならば読めるようになった。学校の勉強をする気にはならなかったものの、北大に入るべく兄が浪人していたので、私も浪人して東大に入れば、兄弟の順を崩さずにすむくらいに考えていた。

時間が間延びしたリズムと透明な色合いで過ぎているうち、海野が藻岩山の浄水場で土方をしているとの情報が級友から伝えられた。つづいて、傷害事件で少年院に入ったとの知らせも入ってきた。

海野か、会ってみようか、話は何もないが声をかけてみようか、と思った。暑い日であったように記憶している。占領軍が物資輸送のために作った石山通りという幅の広い産業道路をてくてくと三十分ほども歩けば、少年院である。かつての級友だというと短時間なら会わせてやるということで、少し待っていると、彼が（囚人服と同じ）青い作業服でやってきた。

私が「少し太ったなあ」といったら、彼は「朝昼晩、食ってるだけの毎日だからな」と応じた。「元気でな、それだけをいいにきたんだ」といったら、彼は「うん、君も元気でな」といって――「君」という丁寧語が彼の口から出てきたのをよく覚えている――早くも起ち上がり、「君は、こんなところにもうこないほうがいいよ」といいつつ、くるりと身を回して、奥の大部屋らしきところでわあわあと何かのスポーツで騒いでいる入院仲間のほうへ足早に去っていった。

御馳走さまでした

私たちが引っ越した（札幌市南二十条西十一丁目の）父の社宅は、厚別村の自宅と比べれば、まあまあ家の名に値する代物であった。玄関の右手につながった四畳半の部屋には、北に向かって大きな（引き戸の）窓が開けられており、西に向かっても（上げ下げの）窓が切られてて、標高五百メートルの藻岩山もよくみえた。その部屋は兄との共用であったが、兄は北海道大学に入ってからいろいろと多忙で、おおよそ私の独占するところとなった。

そこに籠《こ》もって私は浪人生活を始めた。札幌にも予備校というものが出来てはいた。しかしそれは北大進学用のものであったから、私の役に立つとは思われなかった。で、ほとんど誰とも会うことのない一年間がその部屋で過ごされたわけである。またそうするのが、二年間の（学習の）ブランクを埋めるのに好都合の、精神集中の方式だと思われた。

両親は、東京への仕送りなどはできない相談だと私に伝えた。私が仕送りなんかなくて結構と応えたら、東京大学の授業料だけは親の責任で払うといってくれた。通学の時間がなくなると、時間にも体力にも余裕ができ、時たま新聞にも眼がいくこともあった。そして「全学連」幹部の「東大生」が逮捕などといった記事を読むと、自分もそのうち逮捕される身となり、両親や家族に迷惑をかけることなるのだろうなあ、と直感していたのである。

これは考えてみれば奇妙な感覚である。いわゆる左翼の思想とも人脈とも何の関係もない十八歳の青年前期にある自分がなぜそんな近未来を自分について想定したのであろうか。明解な答えはみつからない。それでもなお思料してみると、一つに、時代の雰囲気のなかで社会正義は左翼の方面にあるのであろうといつのまにか思い込んでいたこと、二つに、持って生まれた軌道外れの性格ゆえに犯罪者という名のアウトサイダーになるのが自分の宿命なのかもしれないと何となく感じていたこと、三つに、最も気に入っていた妹を死ぬ目に遭わせたという罪の意識めいたものを振り払うには、できるだけ早く札幌を離れ、そして自分を何らかの正義への犠牲に供するほかない、と無自覚のうちに構えはじめていたこと、などが挙げられる。

しかし、その前に、受験勉強をすまさなければならなかった。たぶん百日ばかり、私の性癖である「集中」作業に精出してみたら、三年前に学んだことが再整理されてきて、このまま勉強していれば来年は東大に入れるであろうと思うことができた。というのも、私はナントカ会の主催する東大入試のための（通信の形での）模擬試験を月一回受けており、それによれば合格は大丈夫ということだったからである。

心に余裕ができ、札幌南校の同期生四、五人から「富良野岳から十勝岳への縦走をしよう」との誘いがきたので応じてみたら、装備も準備もまったくの不十分のため生爪を起こし、閉口のきわみであった。仲間と思っていた若者たちが、日が暮れてくるのに脅え、私を残してヒュッテへと急いで下っていく後姿を、私はまだ忘れることができない。また、独りで藻岩山に登り、汗まみれになったので、道端の小枝を折って、裸の背中を叩いたりしていたら、それが漆の木で、全身が入院騒ぎを起こすほどにかぶれ、往生した。お化けのようになった布団に横たわっている私を見下ろして、父親が「お前は馬鹿か」と吐いて捨てるようにいった。

そうした冴えない浪人生活のなかでの唯一の気休めは夕刻、藻岩山の麓を一、二時間ほど散歩し、札幌の夏の空や雲が金色から茜色へ、菫色から紺色へと変わっていくのを眺めることであった。厚別村の自然が私に残したイメージの中心には雪原というものがあるのであるが、札幌市についてのイメージは、変幻しゆく空の下のサトホロ（アイヌ語で〝乾いた広い土地〟）ということであった。

そんな気分でいたある日、（今井正監督の、非行の少年と原爆症の少女とのかかわりを描いた）『純愛物語』という映画を観ようと、母親の財布からちょっと失敬して、（昭和天皇が皇太子の時代に訪れたという）行啓通りの映画館に向かった。その通りに入ろうとしたら、地上から「おおっ、西部」と声をかける者がいた。見下ろすと海野治夫がいた。

あの少年院への訪問から約一年ぶりにみる海野であった。土方仲間の若者三、四人と一緒に道端に穴を穿っていたらしく、そのときは、遅れて弁当をとるべく腰を下ろしていたのである。皆して上半身は裸で、皆の肌は赤銅色に焼けていた。海野の首には真っ赤なハンカチが巻きつけられていた。私も腰を下ろして二言、三言喋ったはずだが、何を話したのか、覚えていない。

その映画は、あとで知ったのだが、多くの観客の感涙を絞った大ヒット作であった。私の頭は受験勉強で乾き切っていたはずなのに、そのいわば真剣なメロドラマに自分でも驚くくらい反応して、しとど涙に濡れるの体であった。

その夜、映画のことやら海野のことやらを思い起こしつつ、味気ない受験勉強を何とかこなしていたのではないかと思う。真夜中、零時を回ったころだったであろうか、例の「上げ下げ窓」の小さく叩かれる音がする。窓を上げてみたら、そこに海野がいて、小声で「一晩泊めてくれ」という。人懐っこい顔でそういった。窓から招じ入れたら、彼は昼間と同じ姿で、上半身は裸、首に赤いハンカチであった。幸い兄は不在であったので、兄の布団を彼に供し、私は、おそらく、自分でお茶漬けでも作りに台所にいったのではないかと思う。

物音に敏感な母親がすぐ起きてきた。私の記憶にはないのだが、それまでに彼のことを両親に話す機会があったのであろう、母親は「そう、海野さんがやってきたの、海野さんが」と感慨深げであった。ちょっと酔った気配で、「すぐ寝るよ」といっていた海野は私の運んだお茶漬けをまたたくまに片づけ、そしてしばらく黙っていたが、「ああっ、疲れた」といって布団に仰向けになり、私が電気を消したら、まもなく高鼾を上げはじめた。

カーテンなどはあまり用いられていない御時世であったから、窓からは月明かりが入り、彼の寝顔がぼんやりとみえた。歯軋りをする彼の苦しそうな表情もみることができた。この破滅してゆく友を札幌に残して、来年、自分は東京に出ていくのか、といったようなことを考えていたように思うが、私もやがて眠ってしまった。

翌朝、私の眼が醒めても、彼はまだ眠っていた。そっと居間にいくと、母親が「海野さんの朝御飯作っておくよ」といった。今から思うと奇妙なのだが、四人の妹は誰もいないのに、父親の姿があった。彼は真面目な人間ではあったが、時折にどうしても(農業組合の医療方面における連合体の)職場に出向く気がしなくなるらしく、その日もそんな気分だったのかもしれない。ともかく父親も「そうか、海野君が泊ったのか」と独りごちていた。

目覚めた海野はすっかり緊張していた。脅えていたというほうがよいのかもしれない。私の母親が朝食を運んでくるとその緊張が絶頂に達した様子で、急に正座になり「すみません」と頭を下げた。

母親が運んできた朝食は、いったいどこにそんな食材が隠されていたのか、ひょっとして朝から近所の店にかけ込んだのか、と私がびっくりしたほどに、卵あり魚ありハムありの（当時としては）豪勢なものであった。少なくとも、死ぬ間際に薄野のバー・トリノの平山さんにそのことについて海野が語る程度には立派な食事であった。

私たちがそれを食しているあいだ、交わす言葉は一つもなかった。土方はきついかとか飯場はどこかと聞く気は私にはなかったし、彼のほうも来年は東大にいくのかとか何学部に進むのかとか尋ねる気はなかったということだ。

食べ終わるや、彼はさっと玄関の上框《あがりかまち》に出て、居間に向かって「ありがとうございました」と声をかけた。そして私の両親がそこに並んで顔を出すや、それ以上は不可能なまでに身を平らにして、また首からハンカチをむしりとって、平伏していった。

御馳走さまでした。

それは叫びにも似た声であった。上半身裸でひれ伏すその一種壮絶な姿をみて、私の母親は思わず嗚咽し、父親のほうはさすがに顔をゆがめて感情を押し殺していた。彼は五秒間ばかりその姿勢でいたあと、またさっと起ち上がり、玄関の戸もさっと開け、逃げるようにしていなくなった。

実は、私の脳裏に焼きつき、忘れようとて忘れられなくなった光景の最たるものは、その一瞬の海野の姿なのである。あの平伏ぶりはまさに這いつくばる者の姿勢であった。あの言葉はまことに声をふり絞る者の叫びであった。たった一晩の宿泊とたった一食の給仕にたいして彼がそうしたのは、彼が他人に客として遇されたことがなかったためと思われた。

そういう身分に居直ってみせると構えたのがあの裸形であったに違いない。せっかくそう構えたのに、昼間に偶然に出会った旧友のことが酔いのなかでふと懐かしくなり、そしてそこを訪れてみたら（事実としてはほんの僅かのことなのだが）思わぬ饗応を受けて、不意をつかれたのであろう。どんな人生の末にあんな挙措に及んだものであるか――彼の手記を読むまでは――解き切れぬ疑問として私のうちにずっと残ったのである。

彼がいなくなったあと、父親が私をよんで、「海野君がその気なら、彼のために仕事を探してこようと思うが、どうか」という。私は「いや、彼は暴力団に入る気なのだ、もう入っているのかもしれない、お父さんが心配してやっても無駄だと思う」と応じた。父親は「そうか、そうだろうな」といって自分の部屋に戻った。何十年もあとになってそのことを海野に話したら、「君のいうとおりだよ、あのとき、俺は源清田一家の者になっていたんだ、下の者《もん》は組の手配した土方の仕事で修業をかねながら餌代を稼いでいたんだ」とのことであった。

父親の申し出を私があっさり断ったについては、あの行啓通りで彼ら土方たちが醸し出していた雰囲気ということもあった。つまり海野は、いかにも屈強な巨大漢といってよい若者や、いかにも俊敏な喧嘩屋といってよいような顔相の若者たちを、すでに従えている風情なのであった。強力な「仲間」がすでに出来上がっているのみならず、彼はその仲間のリーダーと見受けられた。高校を中退してから一年半、彼の進むほかない道がすでに決まっていたのである。

実際、道端で休んでいた海野は、受験勉強なるものを独りで来る日もくる日も続けている私などよりも、はるかに楽しそうに生きいきとしていた。しかも、仲間と一緒にいるかぎり飢えから解放されるとなったら、大事なのは仲間のほうであろうと私には察しられた。いや、仲間を組んでやりつづける喧嘩の沙汰にうんざりすることもあるではあろうが、その沙汰を率先したのが自分だとなれば、暴力の道から引き下がりようもない。彼も私も、互いに声を交わし、よい折があれば訪ね合いたいと思う程度には、互いに懐かしさを感じていた。しかしそんな訪問は、それぞれが進むと決めた道からの暫しの散策以上のものにはなりえない、と二人はわかっていたのである。

父親の申し出の真意が何であるかは、ずいぶんあとになって了解できた。私の父親はその名前が深諦《じんたい》という仏教用語であることからもわかるように仏門の出である。ただし彼の母つまり私の（父方の）祖母は、祖父の三番めの妻であり――前の二人の妻はそれぞれ病による若死にである――しかもその祖父と祖母は離婚するに至った。で、私の父親は祖父の四番めの妻を継母とし、そして何人かの異母兄姉を持つというかなりに複雑な家庭環境のなかで、（札幌南校の前身たる）札幌一中において、（素行のほかは）全優でありながら――私の母親がその成績表を長いあいだ保管していた――かなりにグレたようだ。その挙げ句、他校との集団的な喧嘩における責任者の一人として、また反省の弁がなかった咎で、放校処分を受けたのであった。

私の母親ハナにしても、すでに身罷ったのでここに記しても許されると思うのだが、十九歳のときに私生児を生まざるをえない人生の破目に陥り、その子を相手の親戚に引き取らせたあと、私の父親と同じ夕張郡長沼村という出生地で村人たちの噂話の種とされるという経緯のあと、深諦とともに満州に渡ろうとした女である。――ちなみに、長沼村は日本共産党の創出にかかわった野呂栄太郎の出身地であり、私の母方の叔父の家の斜め向かいにその碑が建てられている――。ともかく秋田まできたときに二・二六事件による交通遮断に遇い、そこで二人の渡満計画が、何の準備もなかったのであるから当然のこととして、蹉跌したらしい。おかげで我ら六人の兄妹は残留孤児にならずにすんだのである。

いずれにせよ、私が与えたほんのわずかな情報から、二人は、海野がただならぬ境遇にあることを察知したのに違いない。それで、ピティつまり憐憫というよりもむしろ、「情を同じくする」という意味でのシムパシーを海野に寄せたのであろう。あの「豪勢な」朝食はそのことへの配慮の表れだったのではないかと思われる。

母親の人生の顚末を私が知ったのはそれから十五年ばかり経ってのことではある。だから後知恵の解釈ではあるのだが。あの海野の平伏する姿をみたときの母親の嗚咽は、自分ら二人が社会を追われて夫婦となったときの思い出ともかかわっていたのではないか。そうだとしたら、人生の経験は重いものだ、という平凡にして大事な真理のことを思わずにおれない。

海野が他人の親切に慌てふためいて私の家から脱兎のごとくに姿を消して以来、十二年間、私たちは会うことがなかった。だから私が東京にいってしまったことについて彼が知っているのかどうか、知ったとしてそれをどう感じていたのか、私にはわからなかった。そんな経緯であったから、彼の手記を丹念に読んでいて次の箇所にぶつかったとき、少し驚かされた。

「西部が東大に入ったという話を伝え聞いて、一瞬だが、激しい嫉妬を覚えた」と書いてあるのである。八九三になっても、自分が高校一年のとき猛烈に勉強したことが懐かしいのか、自分にも大学に進む可能性があったことが忘れられないのか、そういうものなのか、とびっくりしたわけである。

たしかに翌年の春、私は東大に入りはした。家族がそれを喜んでくれもした。しかし、落ちるはずはないというところまで準備していたので、東大に入った喜びは自分にあってそう大きくはなかった。いよいよもって独りで生きるのか、いろんな危険が待っているのだろうなあ、と不安ばかりが弥増《いやま》すといった気分であった。

そういえば入試の合否発表が三月のある日の深夜にあり、私はそれを（東大教養学部のキャンパスのある）駒場でみてから、駅前の小さな寿司屋で酒を飲んでいた。若者が独り酒を飲んでいるというのは傍《はた》からみれば暗いムードではある。

そこに褞袍《どてら》を着込んだ東大生が駒場寮から三、四人やってきて、ちらちら私のほうをみやっている。そして「君は落ちたのか」と話しかけてきた。私は思わず「えゝ」と答えてしまった。「気を落とさずに来年に向けて頑張れよ」との声にも「えゝ」と答えていた。なぜそんな返事をしたのか、理由は簡単で、その褞袍青年たちが「僕たちは東大生」といった雰囲気を醸し出しているのに反発してみたかったからだ。

売春防止法が施行される直前ということもあって、また故郷を離れるに際して何かの記念を刻したいという欲求も重なり、東本願寺通り——当時そこには、暗くなれば街娼が立っていた——に私の足は向かった。薄暗い街燈の下で、「女」が「お兄さん、五百円でどう」と声をかけてきたことから始まる一連の過程を鮮やかに思い出すことができる。

東京に発つ日、母と兄が札幌駅に送りにきてくれたが、両名の表情には「この次男坊は東京で何をしでかすことやら」といった不安が浮かんでいたようにみえた。当方にも晴れがましい気持ちは少しも湧かなかった。

私はのっけから落ちこぼれの東大生であった。他人から嫉妬よりも憐憫を、敬意よりも軽蔑を寄せられるにふさわしい東大生であったのだ。授業には一切顔を出さず、（自分の住む）三鷹寮のそばにある井の頭公園で昼寝を決め込んでいた。西荻窪の名画座でジュールス・ダッシン監督の『宿命』という映画を観て、主人公の白痴で吃りのギリシャ青年が反トルコの抵抗運動のなかで有能なアジテーターに変貌するというその筋書きに、ひそかに興奮していた。

その年の六月には、教職員にたいする「勤務評定」なるものの実態など何も知らないのに、（日教組と組んで子弟を同盟休校させていた）部落解放同盟の支援と称して、和歌山県の山村の（北海道では見たことも触れたこともない）被差別部落に入り込んだりしていた。夕日が山間《やまあい》に沈んでいく時刻、色黒ではあるが美しい顔立ちの女教師と山道を歩いていた光景、そして彼女が「部落」の現状についてぽつりぽつりと話していた様子を今でも覚えている。

また、奨学金をもらえるのは（申告所得の低い）農民の子弟におおよそ限られるという御時勢であったので、家庭教師のアルバイトが欠かせなかったものの、それとてあまり熱心になれなかった。何度も首を切られるという失格のアルバイト生であった。私はそんな変な青年であった。そんなことまでは海野には想像できなかったのであろう。だから嫉妬を感じたのであろう。

さらにいうと、私は自分が政治犯になるという強い予感を持って東大に入ってきたのである。いや、政治のことなど何も知らないのに政治犯になりたいというのは辻褄の合わぬ話ではある。海野は、手記によると、高校生の私に「アウトローの傾きがある」と見抜いていた。だから、私に可能なアウトローは政治犯になることだけであった、といったほうがよいのかもしれない。

冷静に振り返れば、私にだって、未知のものへの強い関心がなかったわけではない。マルキシズムやトロツキズム、アメリカの帝国主義やソ連のスターリニズム、民主主義の欺瞞や平和主義の虚妄、そうしたものへの知的興味が、のちに左翼過激派の走りといわれる（独逸語でブントつまり「同盟」と俗称された）組織に私を追いやったといって間違いではない。しかしそれについては、たとえば拙著『六〇年安保　センチメンタル・ジャーニー』などでもう言及してしまっている。ここで私がいわば自供しておきたいのは、私のうちに、少年のころから、権力や権威に強く反発する気性が形作られていたということである。そしてその闇雲の反発が笑止千万な結末に至るのを実地に体験してみてはじめて、権力の正当性や権威の正統性について本気で考える必要に迫られる。そういう当たり前の行程をゆっくり進んだという意味で、私の精神は晩生《おくて》だったのである。ともかく捕まるがわに身をおいてみたかった、それが私の根本衝動であったことは認めなければならないようだ。

しかしそんなことをいうと、自分のヤンチャぶりを愚かしくも自慢していると受け取られかねない。

断っておくが、私は自分のこうした性癖に辟易してもいたのである。だが、ヒューモアは、字引でもわかるように、「諧謔」であると同時に「性格」であり、さらには「体液」ですらある。つまり、体質に根差すような根深い自分の気質が他人からみれば滑稽きわまる振る舞いへと自分を運んでいくということだ。そしてその行為は、少なくとも青年期にあって、限界にぶち当たって砕け散るまでは、やまないことが多いのである。

私の場合でいうと、左翼人士のいかがわしさを濃厚に感じながら左翼(過激派)運動の先頭を、他人が驚くほどにいささかも日和を見ることなく突っ走り、共産党との喧嘩を日夜続け、機動隊の前でアジ演説を繰り返し、二度逮捕され、半年とはいえ拘置所の独房に暮らし、そこを出るなり左翼組織から離れて独りになり、それから十年近く、時代の「高度成長」から完全に取り残されたまま、三つの裁判で被告人をやっているのだけが公的存在としての自分ということになった。それが私における予想の自己実現ということなのであった。海野と私は、おかれた環境こそ違え、そうした性格上の悲喜劇をかなりに素直に演じてしまう点でも共通していたのである。

海野が八九三の道に入ったことについて、私は「愚かな選択」とみなさざるをえなかった。彼は八九三にしかなりようがない人間ではなかったのである。自分の能力にもう少し自信を持てば、ほかの人生が彼にはありえたのだと思われてならない。しかし同時に、彼自身にあってはそれが必然とみなされていた、いいかえればそこに選択の余地などはありはしないと意識されていたという状況はよく理解できた。

私自身にあってもそうだったからである。そういえば、東大入試の直前に、兄が「学生運動から離れたい、共産党の秘密党員たちが裏で運動を操作していることは間違いない、しかし自分は共産党に入る気はない、また自分は長男だから家のことも心配だ」と話しかけてきた。それにたいして私は、「兄さんは運動を是非ともやめてくれ、そういう反社会的なことは俺にやらせて欲しい、兄弟が二人とも家に迷惑をかけるわけにはいかない」と応えた。私の意識にあっても、政治犯への道は必然と感じられていたということである。げに厄介なのは「自意識の牢獄」にとらわれることだ、というべきかもしれない。

私たちの進んだ人生が互いに交わることはもうなかった。しかしその構造はホモロゴスつまり相同であったのだと思う。ちょっと変換をほどこしてやれば、両名の生の形は一致するのであった。そうなのだろうと考えることが、再会するまでの十二年間に、おそらく年に一度はあったはずである。というのも、酒の上などで昔話が始まるとき、彼には失礼な言い方だが、私の提供しうる話題のうちで最も面白そうなものの一つが、「海野治夫という男」のことであったからだ。だがその話をしながら、いつも私は、変換のコードがみつからないからには、彼と会うことはないのだろうと考えていた。彼のほうもそう考えているのだろうと想像してもいた。

なぜといって、東京に出てからの私は、三年間は学生運動に没頭し、それからの三年間は独居者というか放浪者というか、ともかく生の活力水準が最下限まで落ち、そして今の妻が札幌からやってきてからは、知識人の端くれとして生き抜くべく(大学院とアルバイト先で)それこそ凡々と生きていただけのことだからだ。八九三との接点はどこにもなかった。接点を持つ生活上の必要ももちろんありはしなかった。そもそも、札幌とのつながりがなきも同然となってしまっていた。私が事故に遭わせた妹の家族が札幌郊外の手稲町に残っただけで、ほかはすべて、両親も含めて、東京に居を移したのである。しかし、それだけにかえって、海野のことは私のとうに過ぎ去った十代の少しずつおぼろになっていく記憶のなかで、ひとりいつまでも金字塔の輝きを失わないといった具合になっていった次第である。

世間に迷惑をかけちゃいけないよ

海野《うみの》治夫《はるお》と図らずも再会したのは、十二年後（昭和四十四年）のことであった。自分たちの娘を（妻の）両親にみせるために帰札した折のことである。何人かの同期生が集まってくれた際に、私は海野に会ってみたいといってみた。そうすると彼の連絡先を知っている者がいて、ほどなく海野が「よおっ」と大声を上げてやってきた。いかにも八九三ふうの、銀色というか灰色というか、ともかくりゅうとしたスーツを彼は着込んでいた。

そのうち彼が私に向かって急に話しかけた。その口調は、巫山戯《ふざけ》た調子を装っていたとはいえ、私には真剣と聞こえた。

世間に迷惑をかけちゃ駄目だよ、新宿駅を焼くというのは許されることじゃないよ。

いわゆる全共闘世代が当時に行っていた様々の破壊活動に私が関係している、と彼は勝手に誤解しているのであった。私は黙って頷いていた。八九三に政治の話をしても致し方ないと思ったし、まわりの同級生にもそんな話は面白くなかろうと考えてのことである。私が彼をよんでもらったのは、ただ、互いに三十歳の坂を超えるにあたり、往時を少し懐しんでみたかっただけのことである。しかし彼は、私の東京での生活のことがよほど気になるらしく、「世間に迷惑をかけちゃならぬ」と何度も繰り返す。

八九三に説教されるなんて参ったなあと思いつつ私が黙り込んでいたら、今度は私を慰めるように、しかし相変わらず少し激した調子でいった。

まあ、君のことだから、いろいろ考えてのことだろうし、何の得にもならんのに逮捕されたり裁判にかかったり、君の心意気は大いに買うけどね。

そんな方向での心意気は、八年前に、自分が二十二歳の誕生日になるのを期して、きれいさっぱり捨てた。あっさりいえば、ソ連流の社会主義にもアメリカ流の個人主義にも、そしてそれら両主義を唱導して歩く手合のすべてに、ただならぬ異和を感じてのことであった。しかしそのことについて彼に説明する切っ掛けがみつかるはずもない、それがその場の成り行きであった。八九三からの足抜きは難しかろうが、「ブント」のような大雑把な左翼組織の場合は、残るも去るも本人の判断次第だった、などということについて言及する機会はさらになかった。

また私が直接にかかわった同志や学生は、すべて、めでたく社会に居場所をみつけていったのであるし、そう都合よくいかなかったのは自分たち全学連幹部だけということであったのだから、指導する者の責任感とやらからも自由であったのだ、ということにかんして解説する余裕はいっそうなかった。私がとくに東大の同期会に出席するのを避けてきたのは、大企業や大官庁に勤めている連中から「君の指導者としての責任はどうなるの」といったシャラクサイ科白を聞かされるのを忌み嫌ってきたからである。そういうことについて海野に説明したとて詮ないというのがその場の雰囲気でもあった。

これは、音信不通の十二年をあっさり飛び超えようとした自分の軽はずみな懐古趣味にたいする相応の報いかもしれない、などと思いつつ私は寡黙を通していた。これでもう海野と会うことはないのだろうなあ、話がもう通じなくなったのであろうなあ、とも思った。ところがその集まりが解散になるとき、彼は私の耳元でいった。

ちょっと付き合ってくれ、二人だけで話したいんだ。寿司でもつまもう。

彼の行きつけの店に入ると、薄野の顔役がきたとの感じで、店内に緊張が走る。

ここは最上等の尾の身を出すんだ、どんどん食べてくれ。

と彼は上機嫌である。尾の身とは鯨の尻尾の部分の（高価な）肉で、たしかにそこのは美味であった。そのうち私の耳元でまた彼が囁いた。

すまん、薬が効いているんだ、俺の様子、ちょっと変だろう。

私もうすうす気づいていた。ヒロポン患者に特有の、眼が急に座ったかと思うと、次には急にキョトキョトする、といった調子が彼には少しあった。ヒロポン患者がそうした振る舞いをすることは、学生運動をやっていたころ、警察の留置所のなかで何度か眼にしていた。

ともかく、すでに食事はすんでいるので二人とも寿司をなおもつまめるわけもなかった。彼はまた急に紙切れに自分の電話番号を書いて、「明日の六時ごろ、ここに電話をしてくれないか、今日はまだ仕事があるんだ、明日はもっとちゃんと御馳走するよ」と一方的に話を決めた。そして店の者に「今日は帰るぞ」と大きな声をかけ、薄野のネオン街を進んでいった。その威勢の前で、道往く酔客たちがあわてて道を空ける。まるで船が波をかきわけていくようであった。

翌夕、薄野の喫茶店で彼と落ち合った。そしてすぐに、「ちょっとカネ作ってくる、女も連れてくるよ」といって、彼はいなくなった。たぶん二十分ばかりも待たされたのだと思う。ひょっとしてヒロポンも打ってきたのかな、と私は感じた。彼の様子がやけに元気になっていたからである。彼の連れてきた二人の若い女性も、これはもうみるからに中毒患者で、彼女らの眼の焦点も視線もどこかにぶっ飛んでいる、といった有り様であった。

昨晩の寿司屋で、彼は、唐突に、A感覚がどうのV感覚がどうのといった突拍子もない話をする。女たちは、それ何のこと、と甲高い声で質す。私が「稲垣足穂という御稚児さん趣味の小説家がいてね」などと説明してやると、海野は「どうだ、東大を出ている者は物知りだろう、御稚児さん趣味なんて言葉、あんたたち知らないだろう、彼は来年から横浜国大の先生になるんだぜ」とさらに上機嫌である。私は「海野のほうが昔から俺より物知りだよ」と応じるほかない。だが女たちは、A感覚についてやっと理解したらしく、「何だ、ケツの穴のことか」と叫び立てている。

私は、致し方なく、「北海道のどこの出身なの」といった平凡な質問で場を取り繕おうとする。彼女らはどこそこと答えはするものの、「オヤジは蒸発したし、カアチャンは男を作っていなくなるし、こんな女になるしかないのさ」といわれたら、私のほうにもう返す言葉はなかった。私は、これはもう飲むしかないと心に決めて、急ピッチで杯を空けた。そんな私をみて海野は「クラブにでもいってみるかい」といって立ち上がる。我々は、ばかでかいキャバレーの最前席のテーブルに座った。そこでも彼の顔はなかなかのもので、ボーイたちの物腰がやけに丁重であった。舞台では、十年ほども前に東京で有名であった女性歌手が何かを歌っている。連れの女たちは相変わらず私には理解不能なことを叫んでいる。しかし彼は私に最高のもてなしをしているつもりのようなので、私はさらに飲みつづけるしかない。

店内の照明がぐるぐるぴかぴか回るにつれ、酔ったことがあっても酔っ払ったことのない私ではあるが、さすが眼が回りはじめた。それにつれ心も回ったのか、「皆さん、ずいぶんアレが利いているようだね、俺もそのうち一度はやってみるかな」と海野にいった。彼は「そうかい、やってみたいかい、そのうち君のところに持っていくよ」と応じた。また「俺は遊び程度にしかやっていないんで大丈夫なんだけど、この女たちには困ったもんだ」ともいった。それを機に私は三人に丁寧に御礼をいい、妻の実家に戻った。そして私は、妻が「一体、どうしたの」と声をかけてくるくらい、はなはだしく吐いた。しかし、どうしたのと聞かれても、この一晩の顚末について妻に説明する気力は私にもう残ってはいなかったのである。

この十二年間、彼にあって、一体、何が起こったのか。彼の手記には、八九三の出入りについては、斯界の流儀を守ってのことか、言及がほとんどない。二十代の初め、八九三同士の出入りの結果として三年間、東京に逃げていたとか、札幌に戻って三年間の刑務所暮らしをしたとかいったような簡単な記述しかないのである。麻薬についても「死に向かって突き進むように麻薬に手を出した」というようなことが少し書かれているだけである。ただ行間を読めば、彼の二十代が、麻薬をほんの時たまに打ちながらの暴力沙汰の連続であったのであろうと見当がつく。この再会時、彼は三十二歳にはなっていたから、そうした八九三としての功績が認められて、その組の大幹部に、もしくは若頭というものに、なっていたのではないか。

私も、左翼の集団暴力という形態においてであるにすぎなかったが、また昭和三十五年前後は左翼運動の牧歌時代ともいうべき時期で、そこでの暴力も穏便なものにとどまっていたのだが、ともかくほんの数年間だけ「殺すか、殺されるか」の気分にはまったことがある。たとえば共産党員たちの集団に便所で——さいわいにも、そのキャンパスの外れにある公園内の便所は乾いていた——顔を押しつけられたようなとき、また国会周辺の暗がりで(疑いもなく敵対する左翼党派つまり共産党から)集団リンチを受けたようなとき、自分にも人が殺せる、という確信が心に湧き上がるのであった。

しかし、彼の場合は、日本刀を振りかざし短銃を突きつけなければならないという場面にいつも備えていなければならなかったのではないか。そうだとしたら、時折には麻薬の助けが必要になろうかと思われる。また日常においても、博徒の仕事にあっては徹夜が相次ぐのであろうから、ヒロポンのような薬で我が身を覚醒させておく必要があるのであろう。それ以上に、おのれの精神を意図的に麻痺させる形で八九三になった海野のような者にとっては、何らかの麻薬がつねに必要なのかもしれない。

いや彼は長兄のヒロポン中毒ぶりの惨めさと哀れさをみていた。だからヒロポンにたいする警戒心は並のものではなかったと思われる。しかし幹部になるということは、いわんや行動隊長の役を宛てがわれるということは、金銭的にも組織的にも麻薬へのアクセスが容易でもあり必要にもなるということだ。で、彼は、三十代の後半から四十代の初めにかけて、中毒症あるいは禁断症の極点にまで近づき、三年にわたる療養生活を送らねばならなかった。その体験を踏まえて彼は、結局のところ、「麻薬は恐ろしいものだ」と述懐するほかなかった。

海野は、まず死への願望を抱いたのであろう。そういっていいすぎなら、死に親しむほかないと覚悟したのであろう。しかし現実において、若い身体は死を忌み嫌う。理想と現実のあいだには懸隔があるのであり、それを埋めるのが麻薬であったということなのであろう。しかし麻薬は現実を滅ぼす。つまり、人間の望んだり親しんだりする能力そのものを破壊する。現実が失われれば理想もまた空虚になる。このジレンマのなかで海野はあえぎ、実質的にいって、彼の心身はあの女たちのとほぼ同じように、ぶっ飛んでしまうに近い状態へと少しずつ近づいていたのであろう。

実は、三十歳前後、ということは海野と再会していたころ、私もあれこれの麻薬を味わっていたのである。上辺では、自分の心身が（とくに心と身あるいは理性と感性とのつながり方が）どうなっているかを体得するための実験として、麻薬に手を出すのだと自分に言い訳していた。事実、同じ種類の麻薬はそれぞれほんの数回だけ味わって御仕舞にしていた。そしてそうした体験から得た結論は、簡明であるとともに大いに有益であった。つまり、麻薬による異常感覚は、通常の自覚可能な感覚の（えてしてその局所の）拡大もしくは変形にすぎない、だから薬は無自覚の記憶に由来する夢にも劣る、というのが私の結論なのであった。

しかし率直にいって、それは単なる実験ではなかったのである。自分がやっていた（経済学という）学問への不信や嫌悪や退屈、そしてやるべき学問の方向が見定まらぬという不安や焦燥や苦痛、それが私における麻薬実験の隠された動機であったのだ。私も、海野に倣って、「麻薬はつまらない、それは緩慢な自殺に向かって歩いていくことだ」といいたいのである。

その十二年間の人生の進め方が、二人のオキュペーションつまり職業のあり方を決めてしまった。職業とは人間の生ける時間にたいするオキュペーション（占拠）のことなのでもある以上、いわば死に至る病といった様相を帯びる。海野は、地方とはいえ札幌という大都会の、裏社会のボスになりつつあった。私は、まだ進むべき学問の方向はみつかっていなかったものの、学職に就いたからには遮二無二にでもそれを探し出さなくてはならなかった。探り当てられるような気配もないわけではなかった。つまり経済学における前提を、言語学に始まって社会学や心理学を経て文化論に至る総合的な視野で、問い直すという方向に私は進もうとしていた。

また私には自分の家庭がすでにあり、彼もそれを作りつつある段階にあったようだ。そういう私生活の面でも、過去はすでになく未来はまだない、したがって現在の仕事に専念するほかない、という事情を互いに抱えていたのである。だから、海野と私が互いに会ってみたいとふと思ったことは確かなのだが、会ってみたらまともな言葉が互いに何も出てこなかったというのは、それぞれの三十歳にふさわしい出来事だったともいえるであろう。私のあの激しい嘔吐は、二人の十代が過去の帷《とばり》の向こうにすっかり消えたこと、そしてそれぞれの二十代も職業という広く深い河によって大きく隔てられたということを確認するためのものだったのかもしれない。

二人が自分の道をそれぞれ選びとっていくに当たっての忘れえぬ体験は、というより未熟な孤独のなかで不安な決断をしなければならぬことに伴う二十歳代に特有の困難な体験は、誰にも語ることができないようなのである。思えば、私が街頭で演説し警察とカーチェイスをやり、独房に座り込み裏街を彷徨《さまよ》っていた三年間、海野も東京のどこかで、他の組に草鞋を脱いで追っ手をかわしつつ八九三修行に励んでいたのだ。私がある調査所で、朝から晩まで、データ整理に従事して口に糊していたとき、彼は北海道のどこかで刑務に服していた。私の裁判がみんな終わり、やっと教職に就けるようになった折には、彼も八九三の幹部に昇格しようとしていた。しかしその間に具体的に何があったかは、すべて自分で蒔いた種を自分で刈り取っているだけのことであって、他人には語りようがない。ましてや八九三と知識人の間柄ともなれば、伝えようがない。

思わず歯軋りするような口惜しいこともあったはずである。私の場合でいうと、自分においてのことも含めて、人間の横暴や臆病そして卑劣や軽率を山ほどみてきたといって過言ではない。たとえば私を検察に売る仲間もいたし、政治的延命のために気の染まぬ党派に鞍替えする者もいた。私はといえば、そういうみっともないことはすまいとあらかじめ決心していたので、何とか身を持すことができていた。大した学問的業績でもないのに自己宣伝をたくましくする者もいたし、業績もないのにその地位にふんぞり返る者もいた。私にはそういう好みはなかったし、そういう好みに耽ける連中に反発しもしていた。海野にあっては、もっと露骨な形で、人間の野蛮、卑劣、臆病そして軽率に直面させられ、そしてもっと激しい反発の気持ちが湧き上がったことであろう。

もちろん、彼もそうであろうが、私は何人かの人間に助けられたこともあった。助けたがわは関心や余裕をちょっと表したにすぎなかったのかもしれない。しかし助けられたがわとしては、それは、あわや窒息の寸前に吹き込んできた一陣の風だったのである。たとえば、世間知らずの妻が、脛に傷をいくつも負った私のような者を、そんな愚かな選択をしてはならぬと私が何度も忠告したにもかかわらず、あえて夫に選んだのも、結果としては、私にとって救済となったのであった。海野も、手記のなかで「世話になった人たちに自分の麻薬中毒でかけた迷惑は死ぬまで十字架として背負っていかなければならない」と述懐しているからには、彼に救済の手を差し延べた人が何名かいたということなのであろう。しかしそういう自分にとってことのほか大事なことも、他人にとっては聞いても詮ない些事なのだ。

人生の悲運や幸運は、せいぜいのところ、ちょっと加工して面白い冗談話に仕立てて昇華させるほかない。子供のころの出来事ならば、当人の責任が問われないため、環境の劣悪や立場の不利などについて喋々できる。しかし二十歳を超えればそうはいかない。すべては自分の責任において選択したこととみなさなければならない。そうした心理的な難局を乗り越えるには、冗談話でないとしたら皮肉話を設《しつら》えているしかない。つまり自分なんかはユーモアやジョークの種にすぎない、しかし自分を超えた偉大な何ものかがどこかにおわしますかもしれない、と構えるのが最良の精神健康法となる。

そんなことを続けているうち、自分の場所を見つけるためにただひたすらにもがいていたあの二十代の生の浮き沈みが何であったかの実感が消え失せていく。それらは、妻のような身近の者にたいしてすら語りえぬ部類のものになってしまう。そしてついには、そうした情感の脱け殻のようなものをみて人生の寂寥を覚えるようになる。しかし寂寥に浸る間もなく、人生の戦いめいた見通しが、スケジュールまで決められて待ち構えている。二人ともその予定表を進んで引き受けて、「まむしの海野」になったり「負けん気の西部」になったりしたわけだ。私の思うに、三十歳とはそういう人生の段階のとば口のような年ごろなのであろう。

あの寿司屋やキャバレーのことを私がはっきりと覚えているのは、情感の交換がいかに難しいかを思い知らされたからなのではないだろうか。その交換が蘇るとしたら、それはお互いが人生のスケジュールから自由になったときなのである。彼が八九三であることの虚しさを実感し、私が知識人であることの儚さを自覚する、そんなときがやってくるまでは、二人のあいだに、知についてはともかくとして情が(ましてや意は)通じるわけがないということであったのだ。そのことを今にして痛切に思う。

いや、あのときすでにそのことをはっきりと感じ取っていたといえると思う。つまり、自分が三十歳のときのその邂逅で、私は海野治夫にたいする態度を決めたのであった。もう自分のほうから海野に会いたいとは二度というまい、ただ彼が会いたいというのなら喜んで応じよう、そうするのが私より何倍もきつい条件のなかで生きている海野にたいしての礼儀であろう、というようなことを考えていた。また海野という人間において生じていることを認識においてとらえ、そして機会があったらそれに表現を与えること、それが彼にたいして私がやってやることのできる唯一の親切であろうとも考えていた。だから、彼からどんな機会にどんな理由で会いたいとのメッセージがくるか、今後はそれを待つしかあるまい、そのメッセージがこなければ今後会うこともないであろう、と見定めたのであった。

アレを持ってきたぞ

それから三年が経った。私は、東京大学教養学部という思えば自分にとっての（学生運動に絡む）青春の墓場みたいなところに転職すると決まっており、また経済問題の基礎を社会学的（および文化学的）に検討してみるという作業に熱中していたこともあって、多忙をきわめていた。集中作業をやりすぎて少し憔悴し、埼玉県草加市の住宅団地の三階から外を眺めていたら、季節はまだ秋だというのに、視界に雪が舞い降りてくる幻覚をみたこともある。バッハの「フーガ」がかかっていたせいかもしれないが、「そうか、自分の脳の奥には、あの厚別村の雪景色があって、それが身体の疲労に乗じて表面にせり出してきたのか」などと考えていたものである。

そんな折、札幌の知人が「海野《うみの》が君の住所を知りたがっている、教えていいか」と尋ねてきた。私に否やがあろうはずもなく、八九三から一体何の用事かと首をかしげていたら、翌朝、海野から電話があった。

アレ、持ってきたぞお。

第一声がそれであった。「アレって何のことか」と聞き返すしかない。彼は「アレだよアレ、君が一度やってみるかといっていたアレだよ」というのが返事であった。私は思い出した、三年前、海野と連れの女二人とがどうやらヒロポンで酩酊しているようであったので、ついそのように対応していたことがあるのを。

どこから電話しているのかと聞くと横浜からだという。さすれば横浜で暇ができ、私にでも会ってみようかと思い立ち、で、「アレ」のことを思い出したとみえる。ともかく、まだ明かるいうちに彼は我が家に着いた。両手それぞれ一杯に、それぞれ身の丈一メートルはあろうかという巨大なぬいぐるみを抱えてやってきた。兎と熊のぬいぐるみで、私の幼稚園児の娘と息子への土産なのであった。

横浜で東西の八九三が対決してね、結局は何も起こらなかったんだが、札幌から動員されて、宿屋で三、四日も無駄飯を食っていたわけさ。

そして付け加えた。

奥さん、僕は八九三ですからね、暴力団員じゃありませんよ。横浜に集まったのはほとんど暴力団員だったけど、僕は違う、任侠の八九三です。安心して下さい。

我が妻に八九三と暴力団の違いを説明してやったら、妻は、わかっていなかったくせに、「わかっているわよ」と応じた。彼は暑くもないのに汗を拭いつづけている。そして、妻が席を立ったすきに、「この汗は薬のせいなんだ、ほら、歯もすっかり溶けているだろう」といって大きく口を開けてみせた。たしかに彼の歯は溶けているらしく、奥歯のほうがずいぶん低くなっていた。

「肩や首の骨も弱くなっていて、ゆするとカシャカシャ音がするんだ」といって、身体を振ってみせた。音は聞こえなかったが、聞こえるような気がした。妻が戻ってきて昔話——三人は高校二年のときの同級生ということになる——になったら、彼は、次から次へと流れ出る涙を拳で振り払いながら、しかし笑ったような顔をぐいと上げたまま、声を張り上げるようにしていった。

「奥さん、旧姓で岡田満智子さん、僕はあのとき、つらいことがたくさんあって、そして喧嘩することが平気だったもんだから、とうとうこんなふうになってしまった」

彼はワッと泣いた。その泣き方はほんの四、五秒ワッと声を高めてすぐやむ、という妙な種類のものであった。妻は慰めるようにいった。

「海野さんには失礼な話だけど、当時、クラスの成績のよい女の子たちが海野さんの日記を盗み読みしていてね。それで海野さんは女の子たちの関心の的だったのよ。海野さんは人気者だったのよ」

彼は私の妻の顔をまじまじとみつめながら、「本当ですか」と尋ね、妻が「本当よ」というのを聞いて、またワアッと泣いた。今度のは長く続く泣き方で、自分のあまりの嗚咽に自分の身体が不意を衝かれているという調子のもので、涙を拭うこともしなかった。そしていった。

それを知っていたらねえ。そんなことは何も知らなかったもんだから、それにこんな恐い顔してるもんだから、とうとうこんなふうになってしまった。

それから私たちは何を喋ったのだろう、君の顔はなかなか立派だよといったような馬鹿話を私はしていたのだろうか、ともかく何も覚えていない。夕食はうどんでも啜って御仕舞ということだったのではないか。そういえばヒロポン中毒は食欲を減退させると彼がいっていたようでもある。彼は別の部屋で一眠りしたあと、起きてきて、「そうそう、アレを持ってきたんだ、本当にやるのかい、東大の先生になる者にこんなことをしてよいのか」といいつつ、はや、注射器を出していた。私が左手の静脈を示すと、彼は「あまりいい品物でないんで、心臓を通るとき一瞬だけグッとくるかもしれないけど、驚かないでくれ」といった。そしてこの薬の正式名はナントカ・エフェドリンというのだということも教えてくれた。そのグイは大したものではなかった。

それでも妻が心配そうに覗き込んでいるので、私は「そんな顔をしているくらいなら、君もやってみたらどう」と妻にいい、彼女もそうした。二十五年も経ったあとで妻は「夫が危険な目に遭うんだから同行しなくてはと思った」と大仰なことをいう。それを三十歳になった娘が聞いて、「この親たち、自分の幼い子供たちのことは念頭にもなかったのかしら」と呆れていた。

そのうち妻が「明日は、幼稚園で娘がバレエを踊る日なのよ、衣裳のギャザーを寄せなくっちゃ」といい、海野が「奥さん、僕も手伝うよ」ということで、二人で並んで「ひだひだ」を作りはじめていた。彼は面白そうに、彼女は脇目もふらずに、しかし薬理のせいで眼を据えて、衣裳作りに一時間ばかり取り組んでいただろうか。

私のほうは、身体がみごとに覚醒して、一キロメートル先の車のエンジンやブレーキの音が聞こえるようであった。特攻隊員たちの気持ちがわかるような気がした。精神のほうも覚醒して、ある雑誌から頼まれていた短い原稿を書いてみたら、あっというまに仕上がり、翌日読み返してみても、結構の出来上がりであった。太宰治や坂口安吾の気持ちがわかるような気がした。しかし次に、原始的な願望が呆れ果てる体に昂進し、大いに困り果てた。いわゆる「風俗」の商売にかかわる者たちの気持ちがわかるような気がした。

いつ眠ったのか、昼近くに眼がさめたら、海野は姿を消していた。彼がいなくなってくれていて、私は助かったと思った。というのも、たった一回の体験とはいえ、このヒロポンという麻薬がどんなに「やばい」ものであるかが私にはわかったような気がしたからだ。そんなやばいものを運んできた友人と、しかもどうやらその中毒症にかかりつつある友人と、どんな話を交わしてよいものやら見当もつかなかったのである。

どんな種類のものについてもいえることであろうが、麻薬は、人間の体のみならず心をも、一種の機械仕掛けに化していく。しかもその機械仕掛けは、多動症にでもかかっているかのように、たとえば聴覚システムから視覚システムへ、触覚システムから認識システムへというふうに、容易に切り替え可能なのである。このヒロポンという麻薬の特徴は、それぞれのシステムの作動がきわめてシャープであるのみならず、それらのあいだの切り替えが驚くべくスピーディである点にある、と私は見当をつけた。その結果、物事を重層的かつ多面的に総合していく能力を人間から奪いとっていく、それがこのヒロポンのはたらきであるに違いない。さらに人間の原始的欲求のシステムを激しく揺り動かすのもこの麻薬の困ったところである。この点ではＬＳＤよりも質《たち》が悪いと私は感じた。

ＬＳＤについてもそうしたのだが、そのときよりもいっそう強く、私は「二度とふたたびヒロポンには近づくまい」と決意したのである。また当時の私は、さいわいにも、「狂気に一抹の魅力があることを認めないわけではないが、それを認めてやるためにも、こちとらが正気を保っていなければならない」といういわば保守思想の原点を少しずつ理解しはじめてもいた。「狂気に近づかなければ正気の有り難さもわからない」という逆説もありはするものの、何はともあれ、大事なのは正気のほうなのである。

そのことを私に教えようとして海野はやってきたのであろうか。そうは思われない。私が左手の静脈をあっさり差し出したとき、海野は、どちらかといえば、嬉しそうであった。私のほうも、それを、両者が精神の根本において同類であることを確認するための儀式くらいに考えていた。たしかに、人間をとらえる根深い猜疑心を取り払うには、相手の味わっているものを、良味であれ悪味であれ、自分も味わってみせるというのが一つの有効な方法なのである。

しかし、とつおいつ考えてみるに、つまりあの「滂沱と流れる涙」とあの「ヒロポンの運搬」とを海野像において統一させようとすると、「こんなふうになってしまった」という彼の言葉に格別の意味が籠もっていたように思われてくるのである。

その「こんなふうに」とは八九三に身を窶《やつ》したことなのだろうと当時の私は考えていた。いくら任侠を気取ってみても、現実にあるのは、社会の下層に沈んだり裏面に隠れた者たちのあいだのカネの奪い合い以外ではないであろう。八九三は可能性の次元にしかないのであって、現実性の次元では暴力団員である。それが彼のいう「こんなふうに」ということなのであろうと思っていた。

だが、「こんなふうに」はヒロポン中毒のことではなかったのか。俺はヒロポン中毒から脱け出せそうにない、いずれ自分の長兄と同じく「見る影もない」中毒患者となって薄野の裏通りで野垂れ死にするような気がする、そんな不安が彼の全身をとらえ、それがいわば肉体の声となり涙とともに迸り出て、それで、「こんなふうに」なってしまったといったのではないか。

もちろん、そのとき、彼と私をつなぐものは(三年前の)「アレをやってみようかな」、「君の家へ持っていくよ」という約束(ともいえぬ言葉の遣《や》り取り)しかなかった。彼はその「約束」を果たすとの口実で私と会い、関東方面に動員されたなかでの無聊《ぶりょう》を慰めてみただけのこととも考えられる。しかしそれにしては、あの嗚咽は激しすぎたし、あの「裁縫」も熱心すぎた。彼は不安に戦いていたのではないか。

しかもそれは、甘い蜜の香りも含む妙な不安だったのである。つまり彼にはもうじき赤ん坊が生まれようとしていた。「子供が俺ではなく女房に似てくれ」というのも本当に切実な願いであった。そうであればなおさら、追い払いたくても追い払えない中毒症は深刻な不安だったのではないかと思われる。いいかえると彼は、不安を自分の友に示してみれば不安が少しは減るのではないかと願って、不安の原因となったものを運んできたのかもしれないということである。
そのことの真偽はどうでもよいとしても、当時、私が麻薬中毒患者の不安についてまで思いが至らなかったことが、思い返せば、少し気になるのである。私は、いつのまにか、自分の友の心身は途轍もなく強靭なのであろうと思い込んでしまっていた。そんなはずはないのだ。親も兄妹も堅気の商売も生命の保証もないのは我慢できるとしても、自分は何処からやってきた者なのか、自分の思いを誰に伝えることができるのか、それがわからないのは癒し難い苦しみであるに違いない。そしてその存在の証しであるような苦しみすらが麻薬中毒症によってどこぞへと運び去られるというのでは、それこそ何のために生きているのかがわからなくなる、そうなってしまうのであろうというただならぬ不安を抱えて我が家にやってきたのだ、という仮説を私は捨て切れないのである。
手記の最後で彼はいっている。

麻薬には好奇心も持ってはいけない。近付いてもいけない。見くびったら最後、底無しの地獄が待っている事は間違いがない。そこから自力で抜け出すのは不可能である。大多数どころか全ての者たちが破滅の道をひた走ることになる。麻薬だけは知らないことが最善の道なのである。

こう書いたのは彼の五十四歳のときであるから、草加の拙宅にやってきた当時、彼が何を考えていたか、正確にはわからない。ただ、私が麻薬を見くびってはいないことについての信頼はあったと思う。また私の好奇心が、麻薬そのものにたいしてではなく、自己（の心身）にたいしての好奇心であることについても、それゆえ麻薬の薬理効果を私が多少は冷静に分析するであろうことについても、信頼してくれていたと思う。

それにしても彼は、なぜ、三年前の（キャバレーの喧騒のなかでの）あんなちょっとした二人の会話を覚えていたのであろう。たぶん、自分がヒロポンの薬理にどんなふうに身を捧げつつあるかを私に察知してもらいたかったからではないだろうか。実は私も察知してやりたかったのだ。そしてたった一回の体験ではあったが、私はそれを察知できたと思う。それくらいにその薬理は強烈だったのである。

私は、そのずいぶん前から、サルトルの『嘔吐』でマロニエの木が崩れるのも、ダリの「シュール・リアリズム」で時計がぐにゃりと曲がっているのも、実存の不安でも超現実の想像でもなく、メスカリン（サボテンの花から作った麻薬）が一九三〇年代のヨーロッパでひそかに流行したことの現れであろうと考えていた。自分の味わった幻覚を単に描写してみた、それが彼らの芸術とかいうものであろう、ということである。

一般論としても、心理のみならず生理も、習慣が支点となってはじめて、その動きが高まったり低まったり、右したり左したりすることができるのであろうと考えていた。つまり生理や心理が正常であるか異常であるかを判別する基準は習慣にしかないということである。ところが、その肝心要の習慣において良習と悪習を区別する基準が那辺にあるか、与えられた新しい状況のなかで習慣がいかなる価値や規範の基準を指し示すか、それを洞察するためには、自分の生理と心理の動き方を、その複雑さを、まず知らなければならない。で、ちょっと麻薬の助けを借りてみただけのことにすぎない。

だが、海野の場合は、麻薬が生活のなかにぐさぐさ突き刺さってきたのであろう。彼のような立場にある者にとっては、私のやっていた麻薬実験は、それ自体としては、許されぬ所業とみえたであろう。それにもかかわらずヒロポンを運んできたのであるから、それは、こんなふうになってしまった俺のことを察知してくれというメッセージであったと思われるのだ。

実際に彼は、二人があとで五十代になってからやったあれやこれやの思い出話においても、このヒロポン話のことには一度も触れなかった。そんなことは思い出したくもなかったのであろう。いや、八九三仲間には、私との関係が浅からぬことを示す一つの証拠として、このヒロポン運びのことを繰り返し喋っていたようだ。つまるところ、「ヒロポン」は両名の関係が深いことを示す材料として利用されたということなのだ。

彼がいなくなってから一年後、三十四歳のとき、私は遅ればせに外国体験というものをやった。二十代は裁判のことがあり、三十歳前後は子供も小さかったし我が身を（知識界の）どこにおいてよいかもわからなかったので、国内に蟄居せざるをえなかったのである。インド、アフガニスタン、トルコ、イラク、エジプト、アルジェリア、モロッコ（のそれぞれのスラム街）という旅程が外国初体験であったというのは、私の麻薬体験と似ていなくもない。

つまり、初めて接する異国の文化との摩擦によって感覚の表層が削ぎ落とされ、その結果として、自分の感覚の核心のようなものが剝き出しになってくるのである。いわゆる後進諸国のスラム街は貧困層に属する人々の活力あふれる生活の場である。街路に腰を下ろしてそうした人々を眺めていると、そこはいずれかといえば南方の国々だというのに、あの北海道という北国のことを思い出したのである。

目前にあるスラム街と往時の札幌市街とのあいだには、過密と過疎という大きな違いがあるにもかかわらず、奇妙にも、私の脳裡を札幌のことが繰り返し掠《かす》めるのであった。そして、たとえばオールドデリーやカブールで、イスタンブールやカイロで、またアルジェーやカサブランカで、牛や馬と並んで荷車を引いたり、何かを盗んで通りを駆け抜けていったりする少年たちをみやるたび、海野治夫の少年時代のことを目の当たりにするような気がしたというのは本当のことである。

それらのスラム街には、そしてあの札幌市街にも、少ない物質と乏しい情報と僅かなエネルギーのなかで、ひしとばかりに真剣に生きている人々の姿があったように思う。その過程で病み傷つき倒れた割合のほうが多いのかもしれないが、それにもかかわらず、あの時代の風貌には風格というものがあった。あの人間たちの表情にも品格というものがあった。動物の次元に堕ちる寸前で、なおも人間の次元にとどまろうとする努力が彼らに尊厳を保証していた。そういう雰囲気が後進諸国のスラム街に、また往時の札幌市街にも、流れていたのである。

だからその三年後に、家族でアメリカ暮らしをやってみたとき、アメリカの精神面での貧しさをみて、やっぱりなあとしか思わなかった。それは、ある小説家のいったごとく「冷房装置のなかの悪夢」なのであって、機械的なものによって人間的なものが圧倒されているという情景なのであった。

そこには「個人の自由」と「技術の合理」とが溢れ返っているのだが、自由と合理にたいして平衡の基準を示すはずの伝統の精神が、もしくは良識的な判断が、その国には著しく欠けていると思わざるをえなかった。たとえば、隣家の傾斜のゆるやかな屋根の上で、六人の男女が陰毛丸出しの大股を広げて日向ぼっこをするというような光景をみるときに、アメリカの狂気を実感せずにはおれなかった。カリフォルニャがアメリカでも特殊な地帯なのだとしても、そこにアメリカ文明の本質めいたものが噴出しているのだ、と思われた。

私は、戦後日本人の「アメリカでは」という、「出たら目」といったような、博打にも似たでたらめ話にうんざりしていたのである。そういう話し方をする知識人に抗するにはひとまず「アメリカをみたことにしておく」必要がありはした。しかし実り少ない努力をいつまでも続けているわけにはいかない。そんなわけで、カリフォルニャ・バークレイに一年だけいて、翌年はさっさとヨーロッパに向かった次第である。

ついでに確認しておくと、麻薬体験と同じく旅行体験も、異文化について感じたり考えたりする自分の精神の核が何であるかが自己了解できたなら、それが旅行から身を退かせる潮時なのだと思われる。私は、一週間程度の滞在のものを含めると、合計で四十四か国を経巡ったことになる。しかし、そのうちの大半は、「来た、見た、感じた」という軽い満足を私に残しただけに終わった。私の眼が「驚きに見開かれた」のは、インドからモロッコまでの外国初体験のときのみであった、といってさほど誇張ではないのである。

話を逸らせ過ぎた。私は、アメリカに発つ前に、会っておきたい人間が二人いたのである。一人は、昭和三十五年当時の（反日共系）全学連の委員長の唐牛《かろうじ》健太郎で、彼は北海道の北見紋別《もんべつ》で、思想だの文学だの、政治だの文明だのはヘッタクレ話とばかりにただ黙々と漁船で網を引いていた。もう一人はもちろん札幌にいる海野治夫である。海野からは、二年ほど前に人伝えに、「僕の娘をみてくれ」

とのメッセージが私の妻に届いていた。彼が私のところに訪れてくれてからもう四年が過ぎていた。その四年間に、ヒロポンが彼の心身を徹底的に食い荒らし追い詰めていたことを知る術は、私たち夫婦にもちろんありはしなかった。

お父さん、行っちゃ駄目だあ

唐牛健太郎が「紋別に遊びにこいよ」と私にいい、私は「うん、かならずいくよ」と応じた。海野《うみの》治夫《はるお》が「娘をみにきてくれ」と私の妻に（人を介して）いい、妻は「かならずいくわ」と返事した。この二つの言葉《ワード》＝約束《ワード》を守るべく、昭和五十一年の初夏、私たち家族は北海道に向かった。それには、小児喘息で痩せ細ったまま八歳になった私の娘とその看病で同じく痩せ細ってしまった私の妻とを、外国に連れていく前に妻の両親に会わせなければならないという理由もあった。彼ら老夫婦は、函館から江差《えさし》にいく途中にある「上ノ国」町に住んでいた。

そこには「天ノ川」という立派な名前の川が流れており、その川沿いにある「湯ノ岱《たい》」という湯治場は、奈良盆地を小さくしたような土地であった。つまり江戸期の和人《わじん》たちが、松前からさらに奥に入り込み、そこに新しい大和を発見した（と思った）ということだ。そこで岳父は僻地医療にたずさわりはじめていたのである。

欧米の地で二年間滞在したあとで私自身が大きな転換に遭遇するのであろう、という大きな予感があった。約すれば、ますます高度化していく、つまり民主制と産業制にたいする疑念をどんどん追い払っていく、日本の大衆社会《マス・ソサイアティ》に自分は決定的に背を向けることになるのであろう、そしてアナクロニズムを恐れずに保守思想に近づいていくことになるのであろう、と強く感じていたのである。海野と唐牛に会ってから外国に発とうと思ったのもそのためである。つまり自分自身の「戦後」にケリをつけようと思っていたということだ。その一環として、自分の十代と二十代における二人の親友に、両名には失礼な話であったかもしれないのだが、ひそかに別れを告げようと考えていたわけである。

湯ノ岱で日本の（朝鮮語でいうところの）「ナラ」（国）の原型をみたといった気分になってから江差へ、さらに奥尻島へと僻地を巡ったあと、私たちは北見紋別に入った。春未だきと感じられた紋別で、唐牛夫妻は私たちを大いに歓迎してくれた。しかし妻と娘が、案の定、海の冷気にやられ、私もその五日間、夜通しの看病に追われるという有り様で、夫妻には悪いことをしてしまった。不吉な旅だなあと思いながら札幌に入り、そして海野宅を訪れた。昼下がりの時刻であったと思う。

海野の家族は、豊平川沿いにある結構に豪勢なナントカ・マンションの高層階に住んでいた。いかにも八九三の組の幹部にふさわしい立派な住居であった。奥さんに招じ入れられて大きな居間に入ると、海野を入れて四人の八九三たちが花札をやっていた。その時刻に訪れることは電話で知らせていた。それなのに先客がいるとは、と少々怪訝に感じた。

さらに怪訝であったのは、というより矢張りなあと思ったのは、海野の物腰であった。三人の仲間と別れるときの、そして私たちに挨拶をするときの態度に、まったく落ち着きがなかったのである。それは、少し大仰にいうと、操り人形の動作のようにキョトキョトしていた。そして彼の眼付きが、それまでみたことのない、強さというか鋭さというか激しさというか、つまりは狂気とよんでよいような異様の光を放っていた。まずいところにきたなと私は思った。初めて会う海野の奥さんは、有能な夫人であり母親であると見受けられた。しかしその表情には、その場をどう差配したらよいものか、困惑の気持ちが十分に現れていたのである。

つまり彼のヒロポン中毒症が並でない水準に達している、と私も妻も感じずにはおれなかったということである。それでも彼は必死にその発症を抑制しているようではあった。私たちを歓迎しようと彼は精一杯であった。私の子供たちに「寿司は好きかい」と尋ね、彼らが「うん」と答えたら、奥さんに「最上等のやつを大きな桶で」と命じていた。

お嬢さんは四歳ということで、彼は「女房に似てくれればよかったのに」と、顔は崩さずに、声だけで笑った。たしかに彼女は、海野に似てか、強い気性をその素振りに示していた。つまり自分の父親のただならぬ様子を不安の面持ちでみつめていたのではあるが、私の子供たちとあれこれ言葉を交わし一緒に遊ぶだけの気力が彼女にあったということである。

私の娘がウニを一つつまんだら、「そうか、ウニがすきか」と海野はいって、奥さんに「ウニをさらに一桶注文しろ」と命じた。息子がイクラを一つ食べたら「イクラをさらに一桶注文しろ」ともいった。それに逆らっても詮ないと奥さんは諦めているようにみえた。私もそれを遮るのは不可能と思わざるをえなかった。彼は自分一人の感覚と想念のなかで動いていたのである。やがて、手つかずの寿司桶が座卓の上にいくつも虚しく並ぶこととなった。

それを黙ってみやりながら、奥さんと私の妻とは、互いに交わすべき言葉がみつからぬといった風情であった。後日妻がいうには、「あの奥さんにはいわゆる〝極道の妻〟といった雰囲気はみじんもなかった、ごく普通の機転のきく働き者の女性とみえた」とのことである。と同時に「あの奥さんは、何か抜き差しならぬ人生の難関に差しかかっているといった、困り果てた表情をしていた」ともいった。そんな次第であるから、気まずいというよりも、海野の一人合点を皆してただ傍観しているという光景が二時間ばかり続いたのである。

そのうち彼は私を別室に誘い、「大学の先生はこんなものは観たことはないだろう、観ておけば何かの為になる」といって映写機を回した。エロフィルムが映し出された。私は、東京の（ある大会社の）友人が総会屋たちをもてなすためのエロフィルムを、古くなったからといって古い映写機ごと大量に私に渡すということがあって、そうした類のものには飽きていた。どんな学問をやるべきか判然としていなかった時期のこととて、知人たちを集めて映写会をやるという始末でもあった。だが海野にそんなことをいうのは失礼なので、そのフィルムの前で三十分ばかりを一人で過ごしていたら、彼が入ってきて「どうだ、面白かったか」という。「うん、面白かったよ」と私は答えていた。

夕闇が迫るころ、彼は「仕事があるんだ、ノミの仕事だよ」といって出支度を始める。――「ノミ」とは、非合法で博打の胴元をやることである――。マンションの前で、彼は私の洋服の内ポケットに（あとで数えたら）三万円を押し込んだ。「これで遊んでくれ」と彼がいうので、私は「ありがとう」といっておくしかなかった。彼の妻と娘もそこまで見送りに出ていて、娘は母にすがるようにし、母は娘を抱き寄せるようにしていた。両家族の別れの挨拶が終わるや、その幼い娘が叫んだ。

お父さん、行っちゃだめえ、行ったら駄目だあ。

彼女は、手の打ちようもなく激した調子で泣き叫び、その母親は暗く脅えたような顔で、その娘をさらに強く抱き寄せていた。その叫び声はいつまでも続き、私の妻は「また遊びにくるからね」と慰めようとしていた。しかしそんなことで止むような叫び声ではなかったのである。

その姿が何を意味していたのか、手記を読むまで、私は考えあぐねていた。父親が何か危険な暴力沙汰にかかわっているのを（両親の会話を通じて）知っていて、それで「行ったら駄目」と叫んだのであろうか。それとも、子供のお客が珍しくやってきたので、もっと遊んでいたいという気持ちを父親への抗議として表したのであろうか。

いずれにせよ、あの叫び声には切羽詰まったものがあった。あの母親の姿にも身を震わさずにはおれないといった切実なものがあった。測りかねた私は、その光景を思い出すたび、八九三にせよ暴力団員にせよ、常住坐臥に身体的な危機にさらされている父親を持った娘とその母は、そのように脅えて暮らしているのが普通の生活ということなのか、と思うことにしていた。

しかしそうではなかったのである。彼のヒロポン中毒症は、彼の妻にとっても彼自身にとっても、すでに耐え難い状態にまで至っていたようである。手記には「君が遊びにきてくれてからすぐ、妻と娘は俺の元を去った」と書かれてある。彼ら夫婦はひとまず正式に離婚したようである。また「俺は、それから二年ほどして、同じヒロポン患者のA子と、新潟の療養所で過ごした、二人で励まし合わなければその中毒から逃れられるとは考えられなかった、地獄の三年間であった」と記されてもいる。

おそらく、私たち家族が訪れた折には、彼の妄想やら幻覚やらによって、彼の家族はずたずたに切り裂かれていたのであろう。彼は妻と娘から余儀なく離れようとしていたし、彼の妻のほうも、娘を守るためには夫から離れるほかないと覚悟を決めつつあったのであろう。「行っちゃだめえ」というのは、家族の離散を恐れる幼い娘の必死の抗議であり哀願であったのだ。彼は、三十九歳になろうとしていた。つまり四十の声を聞く前に、実質的には、八九三の仕事をもう続行できなくなっていたということである。

これは、薄野で聞いた噂話にすぎないのだが、したがってもし間違っていたら彼の残された妻子に謝罪しなければならないのだが、二十代の初めに東京に出奔しなければならなくなった事件において、彼は殺人を犯しているという。私が東京拘置所の（独房になっている）運動室の入り口で「帝銀事件」の画家平沢貞通や「雅樹ちゃん殺し」の医者本山茂久と挨拶を交わしたり、夕刻に数分間だけ独房に流されるニュースが「山口二矢の浅沼（社会党委員長）刺殺」を報らせるとき「本日、日比谷公会堂で」というところでプツンと途切れるのに首をかしげたりしていたとき、海野は殺人犯として東京のあちこちを逃げ回っていたわけだ。その件が三年間の刑務所暮らしですんだのは、八九三同士の出入りにたいする罪刑は、初犯の場合、低いのが通常だからである。またそれが八九三の勲章ともなって組の幹部になることができたのだと思われる。

さらに想像してみるに、殺人の犯歴とその記憶は、彼をヒロポンに追いやるのに小さくない影響を及ぼしたのではないか。また、これは彼自身が手記で認めているように、組の幹部になるということは、精神の緊張をごまかすという点でヒロポンの必要をより強く感じるということであり、またその物品の差配は幹部の仕事だという意味でヒロポンへの接近をより容易にするということでもある。このように、八九三にあっても、禍福はあざなえる縄のごとしとなっているもののようだ。

彼は四十一歳で、何かの事件で、一年ちょっと刑務所に入っていた。そのあと療養所という地獄でヒロポン中毒という地獄から生還し札幌に帰ってきたのは、彼が四十五歳のときである。――ちなみに彼が刑務所に入るとき、私は外国留学という名の蟄居（もしくは惰眠）生活から戻ってきた――。またそのあとすぐに、またしても八九三の出入りでのことなのか中毒の後遺症のせいなのか、二年ばかり刑務所に入ったと手記には書いてある。

そしてその間に、いわゆる広域暴力団の札幌進出が着々と進んでいたのである。その経緯の詳しいことは知らない。彼が前線から退いているあいだに、彼の所属していた源清田一家もある広域組織の膝下に屈し、彼とそのお仲間もその傘下のA組に組み入れられることになったのは確かである。

もし彼がヒロポン中毒を病んでいなかったとしたら、敵わずと知りつつも「内地」の大組織に抵抗し、そして早々と鬼籍に入るということになったのであろうか。どうも（私の知っている）彼の気質からして、そうなっていたのではないかと思う。そうだとしたら、そのヒロポン中毒のおかげで彼は生き延びたことになる。また療養所帰りという（八九三としての）パワーダウンのおかげで、彼の四十代が命に別条なく送られたのかもしれない。ここでも禍福のつながりは縄のようだといわざるをえない。

こうした巨大組織のあいだの権力抗争の果てのことなのであろう、昭和の時代が終わるころ、あるいは平成の時代の始まったころになって、落合なる男が豊平川の橋の下でピストル自殺をしたという記事が東京の新聞にも載ったことがある。彼もまた柏中学における我らの同期生で、たしか父親が八九三のはずである。だから当然のこととして、その道では海野に先んじる八九三なのであった。

子分をすべてそうした巨大組織に奪われたからか、抗争で借金が嵩んだからか、詳しいことは知らないが、その橋の下にはタバコの吸い殻が一七〇本も散らばっていたという。バー・トリノの平山さんがそのように教えてくれた。その本数の多さは、その場に何度も足を運んだということなのであろうか、ピース煙草の缶を何個も持っていたということなのだろうか、いずれにせよピストル自殺をするのに逡巡したことの印である。落合は海野をよく見知った人物であり、それで、このピストル自殺事件のことを知って海野の気分がずいぶんと落ち込んだらしい。

そしてその少し前には、海野を十年後の自殺へと追い込む原因となった事件も発生している。つまり、少なくとも海野の手記によれば、札幌の裏社会を支配した者たちが地揚げに伴う不法行為の責を海野に帰させようとした、というのである。海野の八九三生活は、少なくともそれに体力と気力を全力で込めるという年月は、四十歳ですでに終わっていたのであろうが、それから十年余を閲《けみ》しても、いわば弱った老犬を襲うようにして、「犬が犬を食う」事件が発生したということである。

そういえば私が家族で彼を訪れたとき、彼が妙なことを口走っていたのを思い出す。「このマンションのヴェランダで日本刀で切り結んでね」と脈絡もなく彼はいった。それが彼の幻覚であったのか、それとも隣りの部屋からヴェランダ越しに敵対者が躍《おど》り込んできたことがあるのか、それは知らない。いずれにせよ彼の決闘というよりも血闘は、そのころ終止を迎えつつあった。しかしヴェランダの決闘のことをいう際の彼の風貌には、血闘の跡が滲んでいたといいたくなるくらいに、荒《すさ》みが目立っていた。

新潟の療養所にいく前の一年余の刑務所暮らしはどんな事件のせいだったのであろうか。「自分の事務所に日本刀で切り込んだ」という薄野での噂話は本当だったのか、本当だとしてそれは東京の巨大組織が進出してくることへの抵抗であったのか、それともヒロポン中毒のせいで見当違いに暴れまくったのか、私は調べようとも思わない。いずれにせよ、彼の八九三人生は実質において終わっていた。

離婚してからの二十年間の人生は、いってみれば、落合という男の一七〇本のタバコに匹敵する逡巡の連続であったのであろう。もちろん八九三としての虚勢は張りつづけていたので、関係者たちは彼に一目おいていたとは聞いている。しかし彼の内心を忖度してみれば、死に場所がみつからなくて、うろうろと八九三としての後半期を送っていたのではないだろうか。

我らの四十代というのは、おおよそ、日本が経済大国として世界から認定され、それにつれ、たぶん八九三といい暴力団といい企業犯罪（もしくは法の網の目をくぐる不徳の行為）へと方針転換を図っていった時期である。海野はその知性からして企業犯罪の仕事に適任であったのであろう。しかしその気質からして時代の落伍者とならざるをえなかった。八九三としての実績や人気が彼に相応の立場を与えはしたものの、彼の気力はもう萎えていたのだと思われる。その証拠に、新潟から帰ったあと、高校の同期会や同窓会に誘われたら、中退者であるにもかかわらず、喜んで出かけていたようだ。手記でも、そのような会に出席したことを嬉しそうに語っている。

私の四十代にしても似たようなものかもしれない。私の物書きとしての人生は、遅れにおくれて、四十歳あたりから始まりはした。しかしその書き物のほとんどすべては、時代と歩調を合わせるわけにはいかないということについて記述したものである。同期会や同窓会には、小中高大のいずれであり、よほどの義理がなければ出席しないようにしてはいた。ノスタルジーそのものは重要な感情ではあるのだが、「学校」は私の郷愁をそそるところではないからである。

しかし私の脳裡を繰り返し横切《よぎ》るのが北海道であることはあまりにも明らかだ。自分の精神の原風景は北海道の冬の雪景色であり、夏の乾いた大地なのである。その「自然に繋がれている」という感覚は、保守思想の重んじる歴史感覚には一見したところ似つかわしくないのかも知れない。しかし自然と切り離された歴史なんかは箱庭めいた人工の産物でしかない、といった思いが私の気分の底流をなしているのだ。

たとえば中学生のとき、映画館で西部劇を観たあと、汽車のなかで眠りこけて乗り過ごし、岩見沢から最終便で厚別駅へと戻ってきて、凍てついた雪道をキュッキュッと踏みしめる自分の足音が寝静まった厚別村の空に流れていくと、あちこちからまるで狼のもののような犬たちの遠吠えがトド松の林を縫って返ってきたのを思い出す。――トド松というのは「幹が灰色で、常緑の針葉で、枝を水平に張る、北海道で最も多い松」のことである――。夜空には犬狼星《シリウス》が冷たく光芒を放っていた。そんな折に私が感じていたのは、一種宗教的な感覚ではなかったかと思う。何か荘厳な者の眼が私を見下ろしているという感覚である。そして私の保守思想の中心には、私自身の精神は何物にも信心することができないという意味で懐疑でほぼ充たされているにもかかわらず、荘厳な者の眼差しを感じたいという欲求がある。そんなことを自覚するたび、私の記憶は北海道へと連れ戻されるのであった。北海道そのものではなく、北海道についての記憶に強い懐かしみを覚えるということである。

もっと世俗的な次元でも、海野が行動面での八九三であったのにたいし、私は思想面での八九三であったといえるのかもしれない。つまり私は、北海道を日本の戦後思想の純粋培養地とみなしていた。戦後日本そのものが（アメリカニズムに典型をみる）近代主義の純粋実験場であるのだから、保守思想家たらんとする私にとって、自分の故郷である北海道は戻ってはならぬ場所であった。逆に北海道からみれば、私という知識人は八九三そのものといえるのである。そういう構図がはっきりとみえてきたのが、私の場合、四十代なのであった。

　だが、戻るも戻らぬも、私の保守思想そのものが北海道的であることは否定できない。つまり、自分の感覚や認識がどんな前提にもとづいているのか、いかなる基盤の上に立っているのかを「理屈」において求めていくと、そこに伝統があるとしなければならなくなった。伝統とは、私にあって、矛盾をはらんだ価値観における、平衡感覚の歴史的な蓄積のことである。その肝心要の伝統が、私にあって、観念の次元にしか据えおかれないのだ。つまり、伝統の欠乏を痛感すればこそ伝統への欲求がつのるというふうに、観念がいささか異様に膨らむのはやはり北海道的といわざるをえない。

　また自分の生活においてまず気になるのは、私の場合、自分という名の個人である。しかし、「分解できない《インディヴィデュアル》」はずの「個人《インディヴィデュアル》」も、凝視してみると、それに両親や兄妹が、友人や知人が、風土や習俗が、時代や国家が突き刺さっているのがみえ、それにつれ自分という個人が分解されてくる。その突き刺さってくるものの「受け止め方」においてしか自分という存在を表現できないのだとわかってくる。

　そういうものとしての自己の分限、それが自分というものだということである。そういう自分のなす選択にはのっぴきならぬ理由があるという自由の感覚にあっても、その肝心の理由付けの根拠は、自分の欲望ではなく、自分に突き刺さっている社会構造の在り方にこそあると私には思われた。そんなふうに、個人から出発して家族をはじめとする自分の成立根拠に少しずつ気づいていく。そういう道筋を辿るのも北海道的だ、つまり歴史の重みに不足している土地柄に特有のことだ、といえるのではないか。

私はこの海野宅訪問から十二年間、私が四十九歳になって東大を辞めるということになるまで、彼に会うことはなかった。彼が生きているのか死んでしまったのかについてすら、知らないでいた。しかし「記憶としての海野」は私のなかでいつも生きていたのである。

私が四十五歳のとき、まず唐牛が亡くなり、次いで私の父親が死んだ。ともに死因は癌であり、それ以来、「癌の原因は精神的ストレスなり」という説をほとんど信じている。ともかくそのとき、たとえば唐牛健太郎論なども書かざるをえない成り行きで書きはした。だが、そんな折、海野のことを思い出さずにはおれなかったのである。

なぜといって、あの海野の中毒症ぶりをみせつけられたとき、彼が「紋別というのはいいところかい」と聞くので、私が紋別のことに触れて「唐牛というのは、法律上はともかく実質的には私生児で、苦労した男なんだ」というようなことを喋った。すると、海野が吐いて捨てるように「そんなのは大したことじゃないぜ」といって、それで話が止まってしまったのを覚えていたからである。

手記を読んで、なるほど、と思った。人生の苦労でいえば、海野のは、私のものの十倍であるのはもちろんのこととして、唐牛のものの五倍にはなる、といってさしつかえあるまい。苦労にせよ何にせよ、上には上があるものなので、海野のことを特筆大書する気はない。しかし自分の生活体験のなかで実地に見聞した他人の苦労は、忘れようとて忘れられるものではないのである。私の父親も幼いときの苦労話を兄嫁などにしていたようではあるが、海野の手記でも読んでいれば、口を噤んだのではないだろうか。

だから私は、自分にとて苦労はなかったわけではないと思うものの、それについては冗談もしくは寓喩としてしか、しかも酒場で客が少ないときにしか、語れない。それには、海野治夫の人生というリアルこの上ないものが私の視界にあった、ということも一つの原因になっていたのである。海野の味わった難儀は、物理としてみれば、戦争や天災に見舞われた人間のそれと比べれば大したことはないという見方もありはする。しかしそういう見方は人間が社会的動物であることを忘れている。心理的な痛苦としていつまでも残るのは、自分の社会関係が断たれること、そして自分一人が社会的比較において破格に大きな苦労を強いられることなのだ。

いや、そういうことではないのかもしれない。苦労を苦労として客観視することのできない幼年期や少年期の苦労が、その記憶が、最も辛いのであろう。自分の存在の原点がいつも揺らいでいるという不安定な気分に襲われて、自分の現在が常に眩暈《めまい》に見舞われるということなのであろう。しかも海野の場合、両親が早くに亡くなり、兄姉が彼に何も知らせないままいなくなったため、自分のルーツすらほとんどまったくわからないのであった。自分は何者か、それを探す方法が覚束ないという意味で、彼の存在は安定から程遠かった。

ヒロポンが彼の心理的な不安定を何層倍かさせ、幾重にも加速させるということについて彼自身が不注意であったことを咎めるのはたやすい。「むごたらしく悲惨な地獄絵図」に入り込んでいったのは彼自身の選択においてであったのだから、自業自得と嘲ることもできるかもしれない。しかもその直接の契機たるや、「地方で仲良くしていた昵懇《じっこん》の友と会い、彼らと麻雀をしたり花札をしたり骰子《さいころ》をしたりしていて、段々に薬の回数が増えていった」ということにすぎないらしいのだ。

さはさりながら、私も三十歳前後に賭け事に熱中していたことがあるのでわかるような気がする。つまり、仲間のあいだの場の力学というのは、自分の現状に納得がいっていない場合、なかなかに逃れ難いものなのである。私のやったのは、貧乏人同士が小銭を毟《むし》り合うような、たった三年ばかりの遊び事にすぎなかった。だがそれでも、何日間か家に帰らないとか、妻に渡す生活費にも事欠く、といったことが起こったのである。海野にあって「昵懇の友」がそう簡単にできるはずもなく、それゆえ数少ない親しい友の「薬でもやるか」といったような誘いに応じていったのはやむをえない仕儀と思われる。友を大事とするのだけが仕事といってよいのが八九三というものだということを考えればなおさら、それはほぼ必然の過程としかいいようがない。

我が友海野を私が評価してやりたいのは、彼自身がいうところによれば、「断崖絶壁を這い上がるようにして」その中毒症から脱出してきた点についてである。彼は、刑務所を出るとき、刑務官から「Y子が新潟の飛行場で待っている」との報らせを聞く。それからの三年間、彼は新潟のどこかの療養所でヒロポン中毒の克服に悪戦し苦闘していた。まさかそんな長きに及ぶとは考えていなかったらしいが、禁断症に悶え、やっと治ったと思ったらまたぶり返す中毒症に悩まされながら、その女性とともに三年を過ごす。「両親がおらず、祖父に育てられた薄幸の女であった」とだけ手記には記されている。

その女性だけでなく「何人もの人たちの世話になり、助けられてきた」と彼は述懐している。その間、組のほうからも実質的にいって絶縁されていたようだ。「妻子たちを含めて周囲の者たちにどれだけ迷惑をかけたか、計り知れないものがある。謝っても謝りきれない。死ぬまでこの負債は返せそうにない」と認めてもいる。

思えば、凶暴に舞い上がり、苦悶の果てに穏健に沈み込む、それが彼の四十代であった。そういう十年間の入り口で、我らは再会していたのであった。海野宅に漲っていたあの異様の雰囲気は、彼が薬理の大波にさらわれていくことの合図であったのだ。そうなるのであろうとうすうすは察してはいた。しかし「勝ち誇った欲望の足下で俺の残されていた理性が悲鳴を上げていた」ということをまで洞察するには、その方面について私の知るところはあまりに少なかったのである。

彼が理性を取り戻したことを後追いで知って、私は素直によかったと思う。そうでなければ、彼は狂い死にするか、あるいは世間に向けての（被害妄想などのせいで）訳のわからぬ凶行に及んだのではないかと想像される。そうなれば、お互いが五十代に入ってからのあの会話もあの了解もありえなかったのであろう。それ以上に、彼が妻子と和解することも不可能であったろう。だが、取り戻された理性が選択する道程の末にはあの自裁が待っていたというのだから、私の知るかぎり、彼ほどに幸運から見放された人間もめったにいないといいたくなるわけである。

不良少年U君が颯爽と登場した

カリフォルニア・バークレイで、私は、後に『蜃気楼の中へ』という書物に収録することになった文章を日本のある雑誌に送っていた。アメリカへの引越代がなくて原稿料を前借するという成り行きでそうなったのである。私が三十八歳になろうとしていたその一九七七年の初頭、アメリカ東部は大寒波に襲われていた。そのせいもあって、西部の自由都市バークレイにはジャンキー（麻薬中毒患者）たちが到る処に屯《たむろ》していた。それには、ヴェトナム戦争における敗北でアメリカ中が失意に沈んでいるという事情も深くかかわっていたに違いない。

ジャンキーたちがそれぞれ（去勢されて）礼儀正しい犬を連れ、ジャンク（がらくた）のような姿で集まっているのをみると、「犬が人間化し、人間が犬化している」と形容するほかなかった。で、不甲斐ないアメリカ人たちを批判的に眺める一文を草したわけだが、そのなかで、私はまたしても海《う》野《み》治《は》夫《るお》を思い出していた。海野は、私にあって、臨界状態にある人々に何らかの価値判断を下すに当たって、リトマス試験紙のような存在なのである。自分の試験反応の結果をここに引用するのを許してもらいたい。

いや、率直にいうと、次の二つの理由から既発表の文章をここに再録したいのである。一つにそれは、海野というリトマス試験紙が私の心理に定着していたというのは本当なのだ、ということを立証してくれる。二つに、私の海野評に海野自身がずいぶんと感激してくれることになるのだが、その感激が妥当かどうかを読者に判断してもらうためには、私の文章をここに呈示しておいたほうがよいと思われる。

「ジャンキーたち」

麻薬中毒といえば、高校のときの一人の親友を思い出します。かれは、ずたずたに引き裂かれた家族関係の中で、赤貧のために小学校も中学校も碌に出席しなかったような少年でしたが、高校の一年から二年にかけて成績優秀な生徒になりました。しかし、二年の終わりに急に高校を中退して土方になり、いくつか傷害事件を起こした後に、ある暴力団に入りました。十四年を越える音信不通の挙げ句に邂逅《かいこう》したとき、彼は銀色の背広をりゅうと着こなす幹部団員になっていました。賭事を勝ち抜くべくヒロポンを長年にわたって使用したためでしょう、歯はほとんど溶け、歩くたびに身体中の骨がギク・シャクと音を立てていました。かれは旧友に会ったのが懐かしいと文字通り滂《ぼう》沱《だ》と涙を流すのですが、僕の方は、その余りの変貌ぶりにただ黙ってみているばかりでした。大きく離れてしまった互いの距離をうめる言葉を探しはしましたが、みつかるはずもなく、共通の古い知合いの消息を語るなどして別れました。

別れ際にかれがいうには、「俺が学校を止めたのはねえ、いくら頑張って勉強してもお前の二番手なんで、馬鹿らしくなってねえ」と、何だか、学職に就いている僕を励ますような調子でした。小さな飲屋の主人のお情けで食事にありつき、厳寒の北海道で下着もオーバーコートもなしで（つまり学生服一枚）で通学し、自分の姉の情夫を殴って手を腫らしていたようなかれですから、そのセリフが本当のはずはありません。むしろ、日ごと幻覚に襲われているにちがいないかれが、余命が長くないことを知っていながら、なおかつ、どこをみても希望のないその人生を自分の選んだものだと言い張るのに、うたれました。

かれ自身は一言もいいませんでしたが、僕は、かれを朝鮮人だと思っていました。その鋭角的な表情、敏捷な身のこなし、あらゆることに対する底知れない敵意、そうしたことが僕にそう思わせたのでしょう。僕が大学受験の準備をしていた頃、泊る当てがなくなったかれが僕の部屋に窓から忍びこんできたことがあります。翌朝、僕の母の出した変り映えのしない（しかし当時としては立派な）朝食をうつむいたまま食べ終り、板の間に這いつくばるようにして礼を述べたとき、その土方焼けした裸の上半身には、そんなちっぽけな饗応すら受けたことのない人間の持つ一種壮絶な孤独がにじみ出ていて、涙もろい母などは思わず啜《すす》り上げたものです。そんなふうな生まれ育ちをしたかれのことですから、暴力と麻薬に沈み込んでしまった自分を弁解する口実など山ほどあったのでしょう。しかし、かれから泣きごとを聞いたことは一度もありませんでした。

この文章を海野が読むことはなかった。私のほうも、この文章の存在について彼に伝えることはその後もなかった。というのもこれを書いてから五年後に、また彼について以下に示すような短文を物すことがあったからである。それについては彼が眼にしたということであった。だから屋上に屋を架して古い文章を彼に知らせる必要はあるまいと考えたのである。加えて、私の場合、他人について直接に言及するということがめったになかったので、本人に知らせるのを憚りもしたのである。

しかし、今にして思うのだが、これについても知らせてやればよかったのかもしれない。私が海野における「人生の正義」とでもいうべきものを語るのを、その語りを聞くのを、彼は楽しんでくれていたと思われるのだ。もっとはっきりいうと、私が東大という有名大学の教師になったり私の名前が世間で少し有名になったりすると、その有名な者が海野の人生にも言い分があるのだと書いていると知って、彼は素朴に安心したらしいのである。

バークレイでは、私は彼と会う機会はもうないと考えていた。だから、海野宅であの麻薬中毒症をみせられた翌年のこととて、「余命が長くないことを（本人は）知ってい（る）」とか「どこをみても希望のないその人生」とかいったふうに、私のあまりにも素直すぎる感想を表白してしまってもいる。しかし、手記を読んでみれば、それは彼自身の自己省察であったとわかるのである。そうならば、外国の地まで「記憶としての海野」が私を追っかけていたことについて、こちらも告白しておけばよかったと思うのである。

とはいえ、これが雑誌に発表された当時でいうと、彼は離婚の最中《さなか》にあり、また（一年余の短期とはいえ）何度めかの刑務所暮らしの準備をしていたと思われる。そんなときに、余命は長くないとかどこをみても希望がないとか書かれる気分はどんなものであろうか。その点では、この文が、当時、彼の眼に止まらなくて本当によかったと私は思っている。物書きごときに、物書き同士の言い合いならばともかくとして、他人の気分を害する資格などありはしない、それが私の戒律となっているのである。

それから五年後、別の雑誌から人生についての随筆のようなものを書いてほしいとの依頼があった。その雑誌には向いているであろうとの目算もあって、私はまたぞろ「不良少年U君」という短文を書いた。Uとはむろん海野のことをさす。思えばそのころに彼はヒロポン中毒症を克服して札幌に帰ってきていたのであった。おそらく十五年ぶりに物事を健全に評価したり判断したりする能力が海野に戻ったということである。そのことについて私は何も知らなかったものの、私のささやかな文章が彼の眼に届けば、と願ったことは確かである。

「不良少年U君」

私の子供たちは、娘と息子だが、近所の公立中学校に通っている。第一に彼らの学力が低いため、第二に私の資力が乏しいため、第三に庶民の直中における精神貴族に育ってほしいというわれら夫婦の多分はかない願いのためである。ご多分にもれず、その中学校で大小とりまぜた校内暴力が頻発している。煙草やシンナーなどは半ば公然の気晴らしであるらしい。こんな状態にたいし気の利いた分析を加えたり、勿体つけた説教を垂れる準備は私にはないし、その気力もない。思えば私とて、行儀のよい生徒ではなかったのだ。昔の私みたいな子供たちが、今日という時代の条件を背負って悪戦しているのやも知れず、さすれば、不良少年たちに一抹の同情も湧いてこぬわけではないのである。

しかしそれにしても、今の不良少年たちにはアウトローとしての孤独も矜持も不足しているようにみえる。甘やかされた餓鬼といった以上の印象を彼らから感じるのは、おおむね、難しい。それに比べ、私の二十五年前の親友であったU君は見事な不良少年であった。彼はいわば絶対的不幸のなかの絶対的単独者であった。彼には両親はむろんおらず、ひとりの姉はそれらしき職業に従事していた。彼はしばしば塒をもたず、そうした折は、教室にもぐりこんで暗闇でうずくまっているのが彼の知恵であった。北海道の真冬、下着もなしの彼は、寒さで卒倒する寸前、椅子をたずさえてストーブのそばに陣どる。細身の体に眼光炯々、栄養失調で土気色の彼の顔をみれば、大概の教師は彼の行為を見逃しにするほかなかった。

彼はしょっちゅう喧嘩で手を腫らしていたが、その手に鉛筆を押しつけて、猛烈に勉強していた。彼と私は学業成績において常に最高位にいた。また彼は私から世界文学全集を次から次へと借りていき、ある月はスタヴローギンになり、次の月はジュリアン・ソレルにというふうであった。私たちのあいだには不器用な会話しかなく、「おい、きれいな女もクソをするってのは変なものだなあ」というのがせいぜいのところであった。そしてある時、「俺には他人にいえぬ秘密があってねえ」と彼がつぶやき、私は、どういうわけか、彼は朝鮮人にちがいなかろうと考えたりしていた。

いささか精神的同性愛の気配がただよっていた私たちの仲も、高校二年の冬場に終った。彼が高校を中退したからである。その後、校門前で金持の生徒たちにタカリをはたらいている彼の姿を私は黙ってみていた。私の父は彼のために働き口をみつけようといってくれたが、彼の不良化はまったく本格的であり、不退転の決意とみえたので、私は父の申出を取り次がなかった。そのうち彼は刃傷沙汰をおこし、少年院に入った。面会にいった私に、彼は、少年院の食事のおかげか初めてみる太った顔で、「こんなところに来るもんじゃねえよ」と、てれと苛立ちのまじった様子で抗議した。私が学生運動にかかわって留置所や拘置所に出入りしていたころには、彼の方は、札幌のある暴力団の先鋭な行動隊員として生死の境をくぐり、そして刑務所に向った。

十五年後、突然、両手にいっぱいの土産をかかえて、彼が現れた。やはり高校の同級生であった私の妻が「Uさんは私の友達のあいだで人気者だったのよ」というと、彼は本当の驚きで眼をみはり、「それを知ってたらねえ」と苦笑いした。そして、流れる涙をぬぐおうともせず、声をあげて泣いた。彼は自分の号泣に不意を襲われていた。その情緒不安には理由があった。彼はもう重症の覚醒剤患者になろうとしていたのである。歯は溶け、体中の骨がキコキコときしんでいた。

それから数年経ったある夏、私たち家族は彼の札幌の家をおとずれた。花札賭博をやっていた先客が帰った後、彼は寿司をとりよせ、私の子供がイクラが好きと知れば、ただちに電話でイクラ一桶が追加注文され、ウニが好きと分ればまたウニの一桶である。手つかずの寿司が食卓にむなしくあふれた。私にたいしては、「大学の先生はこんなものをみる機会もないだろう」と一人合点して、別室でブルーフィルムを映写してくれ、三万円の小遣いを私のポケットにねじこんだ。夕方、「これからノミの仕事だ」といって彼は外に出た。彼の一人娘は「お父さん、家にいてえ」と激しく泣き叫び、彼の妻は声もなく娘を抱きしめていた。それは、暴力団の父や夫をもった女たちの真底からの不安とみえた。そして翌年には、彼も彼の家族も行方しれずになっていた。嘘か真か、被害妄想のせいで、他の暴力団に訳もなく襲撃をかけ、仲間からすら見捨てられたとのことである。
彼の不良化には必然性に近いものが感じられた。一度も他人に甘えることを許されなかった人間がギリギリと追い込まれていく模様が、少なくとも私には、明瞭にみてとれた。むろん今は今で、何らか強力なメカニズムが作用して、子供たちを締め上げているのかもしれない。それが私のような世代の人間にはよく感受できないのかもしれない。しかし、なお、私は次のような想像を禁じることができないのである。校内暴力にあけくれているのは、U君のことを不必要に恐れ、不自然に見下していた私の同級生たちによってふしだらに育てられた子供たちである、という想像である。現在ひろがっている少年の不良化は、人間の善性を身の程知らずに軽信して、人間の良・不良があやうく拮抗しているにすぎないのだということを察知できなかった我らが民主主義のひとつの帰結なのではないか。さて、私の子供たちはいったいこの先どうなっていくのか、そんな怖い問題について言及する紙幅がもうないのは幸いである。

（話の特集　昭和五十七年九月号）

これが『大衆への反逆』という書物に収録されてからのことであろうか、札幌の（私と中学同級の）ある女性がこの文章をみつけて、高校の同期会だか同窓会だかの幹事たちに報告した。幹事会は、この書物のことを本人に知らせつつ、海野に会への出席案内を出したとのことである。やってきた海野はその女性の眼に次のように映った。

海野さんは颯爽と登場した。

彼女には「不良少年U君の文章が海野さんに市民権を与えたようにみえた」ということでもあったらしい。そう人伝てに聞いたのは「会」の直後のことであったが、私は、そうか海野は生きていたのか、おまけに正気も保っていたのか、とほっとした。ましてや、私の僅かな文章が、同期会や同窓会における彼の市民権獲得に寄与しえたのだとすれば、望外の喜びだと嬉しくもあった。

そうだからといって、海野に会おうとは思わなかった。当時の私には、そう思う余裕を失いつつあった。私自身が言論界において市民権を与えられているのかどうか、覚束ない状態にあったのである。私は、自分なりの覚悟をもって、大衆社会への批判と保守思想の展開という、知識界の通念やメディア界の立場におおよそ真っ向から抵触する文章を書きはじめてはいた。どんな学会にも加わらないことにしていたので、いろんな方面の学者たちとの軋轢も少しずつ高まっていった。そこで我知らず高まるストレスを解消するためだったのであろうか、酒場での雑談が自分の生活の中心近くにしっかりと座を占めることともなっていた。書き言葉におけるにせよ話し言葉におけるにせよ、言葉の中毒症や禁断症にどう対処するかが、私にとってのっぴきならぬ課題となりはじめていたのである。

子供たちも高校生になろうとしており、いきおい、若い世代を教育するのがどんなに困難かを思い知らされる毎日ともなっていた。自分の子供もうまく育てられないのに他人の子供を教える、それは実に嫌な気分のものである。とくに私の場合、「価値相対主義との闘い」なる標語を掲げてしまっていた。つまり、価値の優劣はその人のおかれている立場や状況との相対で様々である、また様々であってよい、という考え方——それが現代における不動の立場である——を偽であり悪であり醜であるとみなしつつあった。そうならば、学生に向かって単なる専門知の解説をしているわけにはいかない。総合知をめざせというだけでなく、分析知を乗り超えるには健全な価値観が必要だと説く、それが私の知的な歩行法となりはじめていた。だが、自分の家庭をみやっただけでも、そんな説法がうまくいくとはとても楽観できなかった。それなのに他人の子供たちにはそう説法する。こりゃ地獄だなあ、と感じたというのはけっして誇張ではないのである。

海野のほうの人生は、四十代後半、穏やかに進んだのであろうか。麻薬からの縁が切れ、薄野あたりでそれなりの部署を与えられ、昔話を披瀝して時を過ごしても許される年配になっていはした。一度は離婚した奥さんと再会し再び交際するということが起こっていたようでもある。だが、二年ばかりの刑務所生活があったのだとすると、その五年はかならずしも日溜まりの時節ではなかったのであろう。

もちろん、八九三あるいは暴力団の内部での確執は隠微に続いていたではあろう。しかし時はバブル期の絶頂にまだ至ってはいなかった。つまり、金銭のパイの膨らみ方はまだ異常の域には達しておらず、そしてカネ狂いたちが走り回るまでにはまだなっていなかった。その点では、札幌裏社会の確執も大して表面化せずにすんでいたと思われる。

それに比べて私のほうの人生は、時代錯誤者よろしく、次第に不穏な様相を帯びてきていた。他所(『学者——この喜劇的なるもの』)で言及したので繰り返さないが、要するに、四十九歳になったあたりで、私は「評論家《クリティック》」という蛇蝎の身分とみなされている立場にみずからを落とすことにした次第である。——欧米でクリティック（批評家）といえば言葉や物事のクリティカル・ライン（臨界線）を厳格に批定する、批判しつつ限定する、のを専らにする人間のことで、まあまあの立場を与えられている。それにたいし我が国では、言葉を無批判かつ無限定に吐き散らかすのが評論家という者であるらしい。しかし自分は批定者であって評論家ではない、などと言い張っても詮ない話ではある——。こういう経緯のなかで、私は海野のことを失念していった。自分のことにかまけて、彼が「市民権」を手にしてどんなに安堵しているかについてすら、思いやろうとはしていなかったということである。思えば、知識人になるということは因業な立場に身をおくことであって、年齢とともに老いる、という幸せから見放されるのだ。

私は人生の周期についてのアリストテレスの説は私自身についてはよく当てはまると思っている。つまり、身体的活動の絶頂は二十歳で、精神的活動のそれは五十歳、というやつである。寿命が長くなっているので、二十代と五十代というふうにおおまかにいってもよいかもしれない。ともかく、質については問わずに量だけでいえば、二十代、私は活動家であったたし、五十代は知識人として生きたということだ。後者の知識人としての活動は、四十代後半から少しずつ増えていった。そして五十代ともなると、評論家になって全国各地を飛び回り、テレビにすらかなり頻繁に出るようになった。新幹線や飛行機を乗り継ぐ、そんな日々をとりあえず人生のサーファーになった気分で乗り超えていかなければ、発言の場を獲得できないのはむろんのこととして、家族の生活も維持できなかったのである。

バブル経済が頂点に達する状況のなかで、私自身がバブリングを起こしていた。そうなのだということを私は自覚してもいた。誰から頼まれたわけでもないのにすすんで「世論のなかで世論を批判する」というようなことをやっている自分を笑うくらいの余裕はあった。しかし日々の仕事を一つずつこなしていくしかないという生活上の力学的要請には抗しようもないのである。だから、私が五十二歳のとき、札幌でたまたま彼と十五年ぶりに出会うまでは、海野治夫の現在のみならず、不良少年U君の過去すらが私の脳裏に沈んだままであった。

事故に吸い寄せられていった

海野《うみの》治夫《はるお》と再会したのは、私の評論家生活が三年半を過ぎた平成三年（一九九一年）の暮、つまり彼がちょうど五十四歳に、そして私が五十二歳半になっていた時期であった。その間に講演などで何度も札幌を訪れてはいた。しかし日帰りは無理としても一泊だけの蜻蛉返りが多く、また夜間の接待を受けることも少なくないばかりか（手稲町の）妹宅に立ち寄る必要もあったりして、薄野で自由に飲む機会はなかったのである。よく覚えてはいないのだが、たまたま出会った中学同級の女性にバー・トリノのことを教えられたのではないかと思う。トリノの女将の平山妙子さんと旧交を温めているうち、彼女が「海野さんをよぼう」といってくれた。十五年ぶりに会う海野であった。

「半年ほど前、海野さんは交通事故に遭ったよ」と平山さんはいっていた。そのせいなのであろう、やってきた海野に八九三の面影は薄かった。物腰が音無しく、紳士的といってよいくらいのものであった。事故の傷跡――ごくわずかのものであった――をみせたあと、「東大を辞めたんだってね、君らしくていいよ。……奥さんは元気かい、あのときは世話になった。……お嬢さんと息子さんは元気かい、そうかい、もう二十三と二十二にもなったのか。……ずいぶん長い時間が経ったわけだ」といったような変哲のないことを彼は喋った。その話し方は事故で八九三の牙が抜けてしまったかのように、静かな調子であった。私のほうも「交通事故が大したことなかったようで、よかったね。奥さんは元気かい。……奥さんには事故の後遺症が残っているのか、そりゃ災難だった。……お嬢さんはもう二十歳になったのか、あれから十五年も過ぎたからねえ」などとのんびり喋っていたのであろう。平山さんを挟み、ほかに客がいなかったこともあって、我らの昔話をめぐる会話が細々と、しかし延々と続いた。互いに酒が少し回ったころ、彼の口調が少し八九三味を漂わせはじめ、そして不意に変なことを喋りはじめた。

俺は放火犯の仲間に仕立て上げられているんだ。許すわけにはいかねえ。

何のことぞと尋ねたら、組の者たちが地揚げ目的の放火をやり、それに彼が連座させられている気配なのだという。私は、彼の憤懣やる方ないといった調子の話に、しかしどうも内容がはっきりとはわからぬ話に、耳傾けた振りをしていた。そして話を打ち切ってもらいたいという気持ちもあって、いってみた。

あなたの薄野生活について書いておいてもらいたいなあ。それを読めば、あなたの抱えているトラブルにかんして、僕にだって協力できることがみつかるかもしれない。

私がそういったについては、そのうち本職のほうで暇ができたら、海野治夫なる男について論じてみようかな、とくに青少年期の彼を論じることで私の気になりつづけている「あの時代のあの北海道」に遡ってみようかな、という気持ちがあったからだ。その漠然たる気持ちが、物書きとしての、あまり上品とはいえない職業意識に発していたことは否めない。そんなふうに暢気であったのは、「交通事故と放火犯罪」が彼を絶壁に立たせていたなどとは私の念頭にも浮かんでいなかったことによる。だが彼のほうは、危機意識によって表現意欲を促されたのか、私のちょっとした誘いに機敏に反応してきた。

彼の反応は早くかつ速かった。それから一か月経って、彼の手記が郵送されはじめたのである。平成三年の十二月十八日、翌年の一月十八日、二月十日、二月二十五日、三月十一日、三月三十日、四月二十七日、五月二十日、五月二十六日そして六月四日の消印で、合計して（四百字詰め原稿用紙で）四百枚の書き物が我が家に届いたのである。ただしそのほとんどは彼のルーツ探しを中心とする個人史であって、八九三の仕事についてはごくわずかしか触れられていない。「放火」へのやけに痛烈な弾劾が含まれてはいるものの、その内容が私には依然として不得要領であった。

この手記にいったいどう反応したらよいものか、私は迷っていた。海野は、あるいは、高校以来はじめて文章を書くことで、「事故と放火」のことで落ち着かぬ自分の気持ちを静めようとしているのかもしれない、というくらいに受け止めることにしていた。そうこうしているうち、最後の手記が届いてから数日が経っていたのであろうか、朝風呂に入っていた私に、妻が少しうろたえた様子で、電話の子機を運んできた。

海野さんの子分という人から電話よ。海野さんが逮捕されたんだって。あなたに何の用事かしら。変なことにならなければいいんだけど。

相手の用件はごく簡単なもので、「俺を信じてくれ、西部君にだけは疑われたくない」という海野からの伝言を頼まれたとのことである。それも不得要領のメッセージではあるが、「よくわかっていますよ」と答えておいた。そして六月二十八日、私の留守に妻が札幌からの電話を受けた。

もしもし、こちらは苗穂刑務所の刑務官です。うちの囚人が西部先生の友人だといい、先生に手紙を出したいと申し出ているんです。しかし、時々、変なことをいう囚人もおります。その人物は暴力団の組員で、先生の友人だとはどうも信じられません。先生に御迷惑をおかけしたらいけないと思い、確認の電話を差し上げているわけです。

妻は次のように答えたそうである。

それ海野さんていう人でしょう。主人の高校時代からの親友です。うちに遊びにいらしたこともあるんですよ。このところ海野さんの手記が我が家にたくさん届いています。その手紙は間違いなく受け取りますので御安心下さい。

相手は「そうですか、先生のような方がうちの囚人の友達なのですか」と首をかしげているような物言いであったという。届いたのは手紙ではなく手記であった。縦線の罫紙で二十三枚にも及びボールペンで（それまでのものよりよく整理されて）書かれたその最終稿のなかで私の眼を引いたのは、一年前の交通事故のことにかんする説明であった。まずその説明が長いのである。なぜ彼は事故に至る過程をこのように長々と、しかも写実的に、書かなければならなかったのか、何か必然的な理由があるのではないかと思われた。彼の文章がどんなものかを知ってもらう必要もあるので、ルビは別として一字一句も修正せずにその部分（罫紙で二枚弱）を抜き出してみよう。――なお文中のOとは、すでに言及した落合という人物のことである――。

五月五日の子供の日は、その前年にピストル自殺をした私の中学校の同期生でもあり、長い付き合いの友でもあったOの一周忌にあたる日でもあった。彼の墓は創価学会系で、石狩の奥に位置する霊園にあるとのことだった。一周忌は親族だけで法要を営むとのことだったので、私の身近の者は、日を改めて墓参りをしよう、と相談していたのであったが、私はその友のOの墓が位置する霊園の詳しい場所を知らなかった。平成三年の五月五日の子供の日は、札幌は朝から晴れていて、絶好の行楽日和でもあった。

私は妻にOの眠っている霊園を確認しながらドライブを兼ねて雄冬《おふゆ》岬まで行こうと誘った。雄冬は冬になると、海にはり出した岬が邪魔をして、雄冬トンネルなど、道がつけられるまでは陸の孤島と呼ばれていた所だった。

札幌からそれ程遠い距離ではなかったが、雄冬岬にはまだ行ったことはなかった。妻を助手席に載《ママ》せて雄冬岬に向かったのは午前中であった。途中Oの霊園を確認し、雄冬岬に到着し、昼食をとったりして、雄冬岬の雄大な景色や日本海の海の匂いを胸に吸いながら、あまりの絶景に魅せられて、もう少し先まで車を走らせて景色を鑑賞しようということになり、海岸線に続く道路を北上した。ところがしばらく行くと片側の車線が舗装工事をしていて、行楽客の車が混雑していて、Uターンどころではなくなった。事故のあとから思ったことだが、事故に吸い寄せられるように、ドミノを倒すように、連鎖反応が続くものである。Uターンして帰るに帰られず、よし、沼田町に懇意な人がいるのを想い出し、沼田町に寄ってその人に会い、滝川からの高速道路に乗り帰って来よう、と妻と相談し、沼田町に向かった。その人は不在だったのですぐに高速道路に入り、札幌へと車を走らせた。札幌に入り、夕方になっていたので家に向かったのだが、豊平川の手前で一本道を間違ったのも運の尽きでもあった。進行道路を修正しようと思い、仲通りへ入ったところの交差点で衝突事故を起こしてしまったのである。

私は衝突した瞬間に昏睡状態に陥《ママ》ちたらしい。意識を回復したのは次の日の昼近くであった。中央区の中村神経外科の集中治療室のベッドの上であった。〝ここはどこだ、どうしたのだ〟と言ったという。

そこで始めて事故のことを聞かされたのだが、私はまったく事故のことを記憶していなかった。だが妻のことが気になって、どうしたのかと聞くと、階上の病室に入院しているとのこと、妻の怪我の程度も相当ひどいものだった。顔面を何ヶ所も切り、全身打撲であった。（一年を過ぎた現在も治らず通院している。）私の怪我はというと、顔面を何ヶ所も切り、十数針縫う切創《せっそう》と右背中の肋骨を五本骨折し、全身打撲で、顔などはラグビーボールのように腫れ上がっていて、頭も強打したので、周囲の者が心配する程、四、五日間は、朦朧とした状態であった。

ところが、まだ衝撃的な事実が私を待っていた。衝突した相手の車の助手席に乗っていた若い男の子が、相手の車が転覆したその下敷きとなって、外傷性ショック死をしていたのである。交通整理のない、ということは信号機のない交差点での衝突事故である。一時停止の標識は私の方であった。が、不注意の程度は別として、何の意趣遺恨とてない、若い命が偶然的な事故で散ってしまったのである。私は織田信長より六年も長く生きたのだ。できるものなら命は変《ママ》わってやりたかった。体が少し自由が効くようになって、その男の子の家に伺って、線香をあげたが、母親の嘆き悲しむ様子は、私にとっても、辛く苦しく、哀しい出来事であった。一年を過ぎた現在も辛さ、苦しさは少しも軽くならない。妻は家に娘がいるし、猫もいるので一ヶ月程で退院した。私は顔の切創の抜糸が終わると、肋骨の治療の為、整形病院に移された。

彼の手記を長々と引用したについては別の理由もある。彼が事故に至る経緯を長々と記しているのは、おそらく、ほんの少しでも時間がずれてくれれば事故は起こらなかったのに、と悔やんでのことであろう。その悔やみの大きさについてもまた紹介しておきたかったのである。もしあそこで舗装工事にぶつからなかったら、もしあのとき訪ねた先に友達がいてくれたら、もしあそこで道を間違えなかったら、あの事故は起こらなかった、というネガティヴ・イフが彼の脳裡を駆け巡りつづけたような手記である。それだけ後悔の念が強いということだ。

これを読んで私は、いっそのこと、八九三仲間の落合という男が彼を死地に招いたのではないか、という因縁話を設《しつら》えたくなった。つまり、落合という男への墓参りの帰りに起こったこの交通事故がまっすぐに海野の死につながっているように思われる。というのも、この事故の一年後に彼は五年間の刑務所暮らしに入り、そして出所後すぐに自殺するわけだが、その心理的な引き金は「若い男の子を死なせた」という痛恨にあったと思われてならないからである。また、面倒をかけた妻に深傷を負わせたのもその痛恨に輪をかけることになったであろう。なぜそう思うか。手記を読んでいると、これから死にゆく者は自分の人生を振り返らずにはおれない、といった気分が横溢しているように感じられるのである。

因果の連鎖はさらに続く。この入院のあいだに、彼は、自分の子分たちが放火をやっていることに気づく。また自分に「放火という薄汚い汚名」を被せられつつあることをも知るに至った。どういう経緯であったのか、詳しいことは手記に何も記されていない。三人の――それぞれ大学卒の肩書きを持つ――子分たちを問い詰めて、私的な場では、白状させはしたらしい。つまり、不動産バブルのなかで「地揚げのための放火」を組員たちが引き受けていたというのである。この放火の糸を引いた企業の名前も彼には判明していたという。しかしその告白は法的な証拠になるようなものではなかった。その子分たちは、許して下さい、と土下座して彼に謝ったそうであるが、それには自分らのやったこと、そして自分らが告白したことを公表しないで下さい、という哀訴も含まれていたはずである。

彼は、もちろん逮捕されてから、その容疑のことを警察に知らせた。検事の調べでもそのことを報告した。しかし客観的な証拠がなかった。放火犯たちも、海野には白状したが、官憲には自供しなかったのであろう。いずれにせよ彼は、証拠は示せなかったものの、いわば「仲間を売った」のである。それは、もう、八九三としての人生に幕を閉じることを意味している。この刑務所からの手記には、私と再会した直後のことなのであろう、放火犯を追い詰める過程で「狭心症が進行し、倒れ、入院して酸素吸入を三日間やった」と書かれている。そのあとで私への手記を書くことになるわけだが、そうできたのは「ひとつよりないものを進呈する覚悟をしていたからである」という。つまり、すでに死ぬ気でいたということである。

しかしその放火への怒りは、彼にあって、いわゆる「転移の自己防衛」であったのかもしれない。苦しみの原因となったのは「一人の青年が自分の過誤で死んだ、妻もそれで大きく傷ついた」という事実である。それを、「自分の恩人の店を焼いた放火犯は自分の仲間であった」という他の事実への怒りにディスプレイス（転移）され、そうすることによって自己の心理的葛藤を解決せんとするセルフディフェンス（自己防衛）をはたらかせたのではないか。

何という不運な男であったのか、と歎息せずにはおれない。その交通事故にさえ直面しなければ、あるいはその青年が何とか無事であったなら、放火の事件を知らないですんだのかもしれない。もしくは事件をたとえば金銭的に処理することで我慢できたのかもしれない。そして妻と生活を共にし成人に達した娘を保護するのに、全力を尽くすという晩年が彼に待っていたのかもしれない。彼の妻にあって、その傷害が重かっただけでなく、その落胆も深かっただけにかえって、妻子との落ち着いた生活を失ったという失望感が彼をむんずととらえたに違いないのである。

いうまでもなく、別の因果も考えられる。ヒロポン中毒の後遺症は長く尾を引くという。彼の心臓病もその影響と考えられるし、運動神経が抜群であるはずの彼にあって運転の反射神経に一瞬の狂いが生じたのもそうであったのかもしれない。五、六時間も運転を続けてしまったのも、自分の身体に押し寄せる疲労のことに配慮がいかなかったのも、その後遺症のせいかもしれない。彼の肉体的な条件にかんするこの想定はかなり有効だ、とみるのが常識ではないだろうか。

そうだとすると、彼が事故に遭ったのは彼の人生の必然ということになる。せっかく塗炭の苦しみのなかで中毒症から抜け出てきたはずなのに、十年経っても、その症状が彼を追いかけていたのだとしたら、そして後遺症を自己制御できないのも後遺症というものだとしたら、彼の人生はまるで呪われた人のもののようだ。

思えば、彼が交通事故の心理的決済として自死の決意を少しずつ具体的に固めつつあった時期に、私は彼と再会したのであった。それからの半年間に書き記した手記は、彼の遺書であったのだ。迂闊にも、それが遺書であると私がわかったのは、彼が自死を成し遂げたあとであった。だから、「ひとつしかないものを進呈する覚悟」というような文句も、八九三にありがちの大言壮語なのであろうとみなしていたのである。

実は、少々いいにくいことなのだが、海野が子分たちに託した私へのメッセージのうちには、「君にはこの手記を材料にして一冊の書物を作ってほしい、そしてその印税（の一部）を俺の妻に渡してやってもらえないか」ということも含まれていたのである。書物を作るとはどういうことか、印税がどの程度のものか、そんなことについての知識が彼にあったはずがない。面倒をかけた妻にしてやれることは何もない、あるとしたら自分の最後の友となってしまった者に（つまり私に）自分が何者であるかを書き留めてもらい、もしそれから収入が挙がるというのなら、それを妻に与えることだけだ、それが彼のいわんとしたことだったのであろう。

そうと察していたので、彼が自裁する一週間前に会ったとき、私は「あの手記のことだけど、時間はかかると思うが、かならず何かの形にして発表するよ」といってみた。五年間のムショ暮らしですっかり穏やかになった彼は、「あのことはもういいんだよ。あんなに熱に浮かされるようにして書いていたのが夢のようだ」というのみであった。

いや、「俺は君のことを利用したんだよ」とすらいった。利用したとはどういうことか、などと私は尋ねはしなかった。それについても察しがついていたからである。刑事や検事に、放火事件について自分がいっていることは本当だと信じてもらうこと、そのためには自分の人格を信頼してもらう必要があること、そして自分の人格が並の暴力団員のものとは異なることについては自分の友人が保証してくれるはずだということ、それが私を利用するということであったのだ。

念を押しておくと、刑期を短くしたり刑務所内で自分を保護してもらったりするために私を利用したというのではない。たしかに彼は自分の所属するA組にピストルを撃ち込んで、警察に自首した。しかし、あの放火事件は法廷維持が不可能ということで不問に付されたし、A組としても彼を破門することで一件落着としていた。また一般の市民を傷つけたわけではないので、それに五年の刑期というのはむしろ長いくらいのものだといってよいであろう。どだい、自死の準備をしている者が刑期短縮のために汲々とするとは考えられない。

検事は、彼の見込み通り、私の書いた「不良少年U君」という文章を読む運びとなり、「どうして八九三と知識人——著名な、という形容が付されていたとのことである——がずっと親友でおれたんだ」と少しびっくりしたようだ。そうだったと刑務所からの手記に記されている。彼は、もちろん、「高校からの友情のつながりのほかには何もない」と答え、検事もそれで納得したとも書かれている。

それにしても、二人の再会から刑務所入りまでの半年間ばかり、彼の行動は、これもヒロポン中毒の後遺症かと思われるほどに、一人合点で慌ただしかった。次々と送られてくる手記の内容について私が問い質す時間も場面もありはしなかった。ただ、その文面から、彼が「自分は何者か」と、まことに熱に浮かされるとはこのことかといった様子で、入手しうる僅かな資料を執拗に検討している姿がはっきりと浮かび上がっていた。つまり彼は自分のルーツ探しに熱中していたのである。

その内容については後段でみることにするが、ひとまず、ルーツ探しと放火犯探しとを同時に手掛けるのでは興奮するなというほうが無理だといっておくべきであろう。その興奮の模様が手記の文面からじかに立ち昇ってくるといった趣だったのである。だが、なぜ彼は事をそんなに急いだのであろうか。

まず考えられるのは、放火事件のほうの始末が、組の内部での葛藤を伴うからには解決が急がれていたのではないか、ということである。しかし、法的な証拠が挙がらないということはすでに判明していた。残るのは復讐の儀式とでもいうべきものを、たとえば組の事務所にピストルを撃ち込むという形で、やってのけることくらいであったろう。そしてそんなことならば、あれほど急いで決行する必要はなかったのである。

彼は、やはり、あの交通事故で他人を死に至らしめるのみならず、妻をも窮地に追い込んでしまったことについて、自分で自分を裁きたかったのではないのか。表面上は、放火という任侠道に反する犯行を咎めるということになってはいた。しかし本音は、というより自分でも聢《しか》とはわかってはいなかった内心は、罪の意識に追われた者の、そして人生の目標を見失った者の、自裁の行為、それが彼に刑務所行を急がせた根本の原因だったのであろう、と私は思う。そう思えば、彼の人生が一入《ひとしお》哀れなものにみえてくるのである。

少し慰められるのは、妻と娘が彼に面会しにきたとき、娘のほうが元気潑剌としていたということだ。彼もそれを大いに喜んだという。彼の刑務所行は、そのあとの焼身（もしくは投身）自殺にしても、彼自身にとっては自裁の行為であったろう。しかし娘にたいしては、お前の父親は任侠に徹したのだ、お前は自分の父親にたいして誇りをもっていいのだ、と彼はいいたかったのではないか。少なくともそう思わせたかったのではないか。さらにはその手記にしても、お前の父親は厄介至極の環境のなかで生きてきたのだ、お前の父親が八九三になったについてはそうとしかなりようのない事情というものがあったのだ、と知らせたかったのではないか。

手記を私に送ってきたことが、私を利用したということのうちに入っているのなら、私は利用されてよかったと思う。この文章を書いているのも、いつの日かそれを携えて海野の奥さんとお嬢さんに会いにいき、そして「あなた方の夫であり父であった人は、私の会ってきた厖大な数の人々のうちで、最も感動に値する人物の一人だったのです」と伝えたいがためなのである。

ねえちゃん、なぜ俺を捨てたんだ

自分のルーツ探しをやっていたとき、海野《うみの》治夫《はるお》は、たった一つだけ、朗報にぶつかった。末子の彼より十五歳年上の姉がどこに住んでいるか、それが判明したのである。彼が三十四歳になったころ、つまりヒロポン中毒症に少しかかりはじめていた海野が拙宅を訪れたあたりで、その姉は札幌から姿を消し、それ以後の二十二年間、一切の音信を断ったのであった。

その後、ヒロポン中毒の果てに心臓病で「見る影もない姿」で死んだ長兄を、海野は札幌で一人で弔った。そして海野がヒロポン中毒から蘇生した時期に、十五歳から東京に出て料理人となっていた次兄が癌で身罷った。だからその姉は、親戚というものを（実質的に）持たなかった彼にとって、唯一の身内となったのである。その姉がどこで生きているのやら死んだのやら、気掛かりであったことは疑いようがない。

彼が手記を書いていたさなか、平成三年の三月であったろうか、札幌から電話がかかってきた。海野のあの弾んだ声が私の耳の奥から聞こえてきそうな気がする。

姉貴がみつかったんだ。どこにいたと思う、東京都東村山市恩多町三丁目なんだよ。君の住所はその二丁目だろう、すぐ近くのはずなんだ。いやあ、驚いたよ。東京に出ていったんじゃないかとは思っていたんだ。しかし、君のそばに姉貴が住んでいたなんて、こりゃ、もう神様の思し召しだね。これからすぐ東京に向かって、姉貴と一晩喋ってから、君のところに顔を出すよ。

私も驚いた、この広い東京で、（地図で調べたら）当時私の住んでいた場所から五百メートルの近くに、彼の行方不明であった姉がいたというのである。なぜそのことを彼はつきとめることができたのか。経緯は簡単で、彼のルーツ探しの一環として、姉の（結婚後まもなく結核で亡くなった）夫の戸籍を調べてみたら、たぶん姉がそこから本籍を移すなどという面倒なことをしなかったおかげであろう、姉の現住所がそこにありありと転記されていたのである。

翌日の昼近く、彼がやってきた。さぞかし晴れ晴れとした表情をしていることであろう、と私たち夫婦は想像していた。しかし彼は浮かぬ顔をしていた。

姉貴が俺がきたのを嫌がっているみたいなんだ。俺には、片耳が聞こえないんで、大声を出す癖がある。それに八九三の乱暴な喋り方が身についちゃってるもんでね。俺を恐がっているらしいんだ。それに、俺は今自分のルーツ調べをやっているだろう。それで、末っ子の俺にはよくわからんことがたくさんあるから、姉貴にあれこれ聞くんだが、姉貴は、〝なぜ、そんなことを調べなくちゃならないんだ〟といって黙りこくっちゃうんだよ。背を向けて振り向こうともしないんだ。参ったよ、手のほどこしようがない。

ちょうど昼食時だったので、寿司をとってすますことにし、私は「僕がお姉さんをよんでくるよ」といって、独活《うど》畑のなかを通り、野火止《のびどめ》用水の橋を渡った。十八世紀に松平伊豆守信綱の作った（小平市の玉川上水から平林寺に至る）灌漑用の川が近所（野火止塚あたり）を流れていたのである。

彼女は、まことに古くはあるが――というより古くからずっと借りつづけていたおかげであろう――大きな家に住んでいた。彼の姉は、七十歳という年のせいで、すっかり小柄になっていた。私が高校一年のときにみたあの精悍な感じは一片も残ってはいなかった。あとで海野から聞いたところでは、マッサージの仕事で何ほどかの金銭を必死で貯え、独居老人として細々と年金で生活しているとのことであった。

これもあとでわかったことだが、姉が弟を警戒したについては、また彼女が四十代の半ばで札幌を離れるについても、もう一つの理由があったようである。つまりあの長兄が、ヒロポン代金に窮してのことであろう、自分の姉の貯金から家財までの一切合財をひそかに盗んで売り払うというようなことがあったらしい。暴力の世界で暴力を恐れつつ仕事をしていた彼女が、家族にまで収奪されるようになったらもう御仕舞いだと考えて札幌を離れ、マッサージ師として東京でひっそりと暮らすのを選んだのは、私にはよく理解できる。

やっと探し当てたと喜び勇んでやってきた末弟にまで、どの程度かはわからぬが、猜疑をかけたのは彼女の勇み足かもしれない。しかし、男たちの暴力に囲まれて生きてきた一人の老女に骨がらみに染みついてしまった脅えの感情を、咎めることのできる者などいるはずはない。

治夫が探し当てた時点でも、六匹の猫と一緒に暮らしていた彼女は、地揚げという経済的ブームのなかで、近所で「猫屋敷」とよばれていたその借家から出ていくよう日々圧迫を受けていたのである。ただしこの件については、海野が八九三の連絡網に手を回し、当家の地揚げを未然に防いだ。――ついでに、すっかりオンボロになっていた電話機を買い替えてやったとのことである――。

我が家に向かう途中、弟への警戒心がまだ解けないのか、彼女は憂鬱そうであった。二人は独活畑のなかの砂利道を黙って歩いていた。私が何者であるかについての海野の「宣伝」がなければ、おそらく、私に同行するのを拒んだのではないかとすら思われる。その姉弟と私たち夫婦の四人は、誰一人として寿司には手をつけずに、暫し沈黙していた。そして私が一言、「お姉さんがみつかって本当によかった、海野君の気持ちを思うと、僕も嬉しいです」とだけいった。すると海野が、たしかに大声で、しかしダミ声ではなく張り裂けるような高い声でいった。

ねえちゃん、どうしてあのとき、俺をおいていなくなったんだ、どうしてだよ。

私は計りかねた。「あのとき」とはいつのときのことなのか。まさか三十男が姉にとりすがるわけがないし、と思ったのである。姉が重い口を開いた。

お前はまだ小さかったからわからなかっただろうけど、あのとき、ニッカボッカを穿いた男がうちにきてたんだよ。お母さんが私を売ろうとしていたんだ。私だって、収入の当てのないお母さんがお前を抱えて困り果てているのを知っていた。その人買いに売られてやろうと一度は考えた。その男は、その晩、うちに泊っていった。私は一睡もしなかった。そして、まだ夜が明ける前だったけど、私、物音を立てないようにして、裏口からそっと家を出た。どうしても嫌だったんだ。身を売ることがどうしてもできなかった。夫はたった二カ月で死んでしまった。お母さんとお前を養わなければ、と思うことは思ったけど、そんな力は私になかった。だからといって、身売りなんかしたくなかった。そんな商売に入りたくなかった。お母さんが私を売るしか方法がなかったことはわかっていたけど、私としては逃げるしかなかった。お母さんは、親のいうことを聞けないのかと泣きながら私を叩いた。だけど、私はお母さんのいうことには従えなかった。お母さんとお前を捨てようと決心したんだ。

そこまで一気に語って、彼女はワッと泣いた。涙がその両眼から溢れ出た。海野もそれを聞いて、その姉の姿をみて、またしても大声を上げて泣いた。そして号泣しながらいった。

わかった……ねえちゃん……わかった……もう泣くな。

彼は、涙でぐしょぐしょになった顔を、私にまっすぐに向けていった。

どうして俺たちこんな思いをしなきゃならないんだ、西部、教えてくれ。

私の妻も貰い泣きしていた。私は、何とか泣くのを堪えているうち、やっと事情が呑み込めた。それは、昨晩からの話の続きだったのである。彼は、あの敗戦の直後に、病身の母に手を引かれて行商で道南の地を転々とする前に、姉が姿を消したことを覚えていたのである。それで、なぜ姉がいなくなったのかという疑問が、五十年間近く、彼の胸のなかでくすぶっていたのであろう。

敗戦の翌年、彼は八歳であり、その母は五十歳である。長兄も次兄も家を離れ、そして姉もいなくなって、彼だけが母の許に残された。そのあとは、まず母の行商について歩き、次にその死の寸前まで母を炭鉱の町で看病し、さらに下男として別の炭鉱の町でこきつかわれる、それが（敗戦の前年の一年生のときしか小学校に通ったことのない）小学生の五年間であった。母が亡くなったとすれば、その記憶を共有してくれる者は誰もいない。その「記憶における孤独」に苛まれるとき、その記憶の発端に「姉の逃走」という事実のあることが、彼には気になってどう為様もなかったのである。

その後、海野は姉のところに四日間、泊ったようである。手記によれば、姉は「なぜそんな過ぎ去ったことを調べるのか」と及び腰であったようだが、それでもポツリポツリと昔のことを語ったようだ。というより、海野の差し出す断片的な記憶に触発されて、姉は、「まあ、そういえばそんなことがあったわねえ、それはねえ」といった調子で、記憶をよびさまされていったもののようである。

私に別れを告げにやってきた海野の表情は、少しばかり、晴れていた。「まだ昔のことに触れられるのを嫌がっているんだけど、まあ、時間をかけて聞いてみるよ」といっていた。夕刻、我々夫婦と娘とが西武新宿線の久米川駅に彼を送っていった。二十分ばかり歩いたのは、彼が「姉が買物をする道を歩いてみたい」といったからである。

駅周辺は買物客で人通りが多かった。そしてその人通りは、海野が近づくと、さあっと左右に分かれていった。彼の風体がまさに八九三のそれだったからである。途中で、お好み焼でもつつくか、ということになって、ある理髪店で近所にお好み焼き屋はないかと尋ねたら、その店の主人がわざわざ通りまで出てきて、詳しく道案内をしてくれた。八九三には親切にしておくに如《し》くはない、との判断からだとみえた。

それから数週間、何度か海野からの電話があった。姉との電話のやりとりについての報告といったようなものであったが、「俺の声が大きいといって嫌がる、昔のことを聞かれるのを嫌がる」ということで、姉弟の意思伝達はかならずしも順調ではなかったようである。ただ、「ねえちゃんは死ぬときに入る施設をもう予約しているんだ、癌と心臓病を患っているんだけど、死後の献体のことも決まっているんだ。俺、安心したよ」ということであったから、姉弟が二十数年ぶりに再会できたのは、海野にとってやはりよいことであったのだと私は思う。

その姉が往時のことについて喋りたがらないのはなぜか、実は、海野にはその理由がわかっていたのである。もっというと、昔のことは絶対に喋るな、他人にはもちろんだが、何も知らない末弟は知らないままにさせておけ、それが姉と兄たちの約束であり習慣でもあったのである。

海野は、戸籍を調べて、姉が旭川の「番外地」で生まれたことを知った。当時に番外地とされていた場所が遊郭であったことも海野は知った。つまり彼の母親は娼婦であり、そして身受けされて——早死した二人の兄のことも含めれば——六人の私生児を産んだということである。そうしたことを海野治夫以外の家族はみんな知っていた。そしてそれをひた隠して生き抜こうと、おそらくは暗黙に、約束し合ったのである。

また治夫は、母方の祖父母が亡くなったあと、海野家が旭川周辺で何度も引っ越していることも、戸籍で知った。そこから彼が推論したのは、海野家が没落し、それで自分の母親が家族の苦境を救うために苦界《くがい》に身を沈めたのではないか、ということである。そして姉の証言によれば、そうだったのだと母が娘に語っていたという。

また治夫の母親となる人を身受けしたのは朝鮮人であった。彼には本国に妻子がいたので治夫の母親と正式に結婚することはできなかった。そのあたりのことも、今現在はともかくとして、当時は秘すべき事情とされたのである。

こうした出来事について聞かされると、私の見聞では、多くの人々が「そういう人生の悲惨には枚挙に遑《いとま》がないのさ」といいつつ、「あの時代やらあの国家においてもっと悲惨な事実があった」といいつのる。その通りなのだ。苦境といい逆境といい不幸といい不運といい、人類の歴史には桁外れに凄いものがいわば死屍累々となって並んでいる。それが広島の何十万、アウシュヴィッツの何百万、スターリンや毛沢東の何千万といった虐殺話にまでいけば、人間の生に起こりうべき悲惨について語ることそれ自体が無意味になる、といいたくなるくらいのものである。

しかし、そうした巨大な悲惨を単なる統計話として片づけないためにも、自分の身近において生じている（悲惨の項目に括るほかない）出来事をどう感受しどう理解するか、それにたいしいかに反応しいかに行為するか、しっかりと身構えていなければならない。おおよそそのように構えて生きてきたのだが、それは間違いであったと反省する必要が毫も生じたことがない、それが私の場合である。

私は、七十歳の姉と五十四歳の弟が、自分らの過去のことをめぐって、あのように激しく長く泣いていたのを、ほかにみたことがない。そうならば、人間の記憶とか感情とか解釈とかがどんなものであるかを知るためには、まずもってあの姉弟のことについて思い出し感じ取りそして考え抜いてみたい、と思うのである。

いや、身近の者の忘れえぬ号泣に、ほかの機会に接したことがある。私が二十九歳のときであろうか、私たち六人兄妹の上に、母がもう一人の（いわゆる種違いの）姉を生んでいるということがわかった。父から兄へ、兄から妹たちへとその情報はひそかに伝えられ、（どういうわけか兄妹たちから危険人物扱いされていた）私はそれを最後に知ったのであった。

その情報に触れて私は、それまで母親の振る舞いについて感じていたいくつかの疑問がすっと氷解するのを感じた。自分の母親に敬意のようなものを感じもした。あっさりいえば、「いろいろと気苦労があったろうに、よくそれを乗り超えて家庭を切り盛りしてきたものだ」と感心したのである。

その翌日にたまたま母と二人切りになる機会があったものだから、私はあえてあっさりと「お母さん、僕たちにお姉さんに当たる人がいるんだって」と問いかけてみた。彼女は、一瞬戸惑って、「誰から聞いたの」と質し、暫しの沈黙のあと、視線を下に向けた姿勢で、三十分ほど、ゆっくりと喋りはじめた。五十五歳の母の一人語りであった。——そこで「足入れ婚」とあるのは、「嫁の候補者を労働力として使用する」ための同棲生活、といったようなことである——。

私が十九歳のとき、……足入れ婚のような形である男の人と……少しのあいだ生活を共にし……

相手の人が不実なので別れ……そのあとで自分のおなかに子供がいるとわかり……札幌まで出て堕ろす薬はないかとさまよったんだけど……田舎者だからどこでどうしてよいものやらわからず……冷たい川に漬かってもみたんだけど……自分の体が丈夫なものでどうにもならず……それで赤ちゃんが生まれて……かわいい子だと思ったけど二人の兄が相手の親戚に引きとらすと談判した。

そのように語っていくのを私は息を飲んだように黙って聞いていたが、母の声が、語り進むにつれ、若返っていくのに気づいていた。そして最後に「その子はたった三か月で他所《よそ》にもらわれていった」といって顔を手で覆いながら、ワッと泣くのを聞いたとき、自分の背筋に悪寒が走るのを覚えた。その声が、まるで十九歳の小娘のもののように、細く高かったからである。つまり四十歳近くも若返った母親が眼の前に出現したように思われたわけだ。

そうか、このように精神が肉体をほぼ完全に支配することもあるのだ、と感じ入った。私にいえたのは、ただ、「お母さん、そういう苦労をしてきた母親を持っているというのは、子供としてむしろ誇らしいことだよ」ということだけであった。兄妹への申し開きということもかねていっておくと、この語りをやって以来、何か憑き物が降りたように、母が悠々としはじめたというのは本当のことである。

なぜ自分の母のことについて触れたかというと、海野の姉弟が私の家で号泣したとき、私は、実は、自分の母親も昔話をしながらこれに近い姿で泣いていたことを思い出していたからである。そういえば、あの（六〇年全学連の委員長の）唐牛健太郎も、それぞれ三十歳近くになった何人かで飲んだくれていた折、「泣く競争をしよう、泣けることを思い出したほうが勝ちというわけだ」といっていたことがある。その場は、誰かが笑い出して沙汰止みとなった。しかし私にはわかっていた、ある哲学者が「歯痛は私一人が痛い」と喝破したように、「自分一人が悲しくなる思い出」を人それぞれ持っているであろうことを。

しかし号泣するほどの思い出がそうやたらにあるわけはない。たとえば、冬に厳しい風の吹く道南の地を母にすがって歩いた記憶、母の「有り難う」という声を聞きたいばかりに病床に伏す母の下《しも》の世話を一所懸命にやっていた記憶、子守の仕方が悪いと何発も張り飛ばされた記憶、一日を一食で過ごさなければならない年月が続いた記憶、そんな記憶は、私たちの世代では、珍らしい部類に属する。そしてそれを我が事のように聞いてくれるのは、妻のことをさておくとすると、母であり姉であるのが一般的なのであろう。要するに、男にとっては身近の女ということなのであろう。

海野は、もう七歳にもなっていたはずなのに、行商の途中で泊る農家の納屋などで、母の乳房をまさぐって寝たのをよく覚えている。田舎の路上で歩くのはもう嫌だと母を困らせたことも覚えている。ひょっとして、あの廃屋間近の、近所で猫屋敷と呼ばれていた家に、ともに猫好きの姉と弟が布団を並べていた四日間、彼は母親に甘えていた遠い昔のことを思い出していたのだろうか。そうだと思いたい。母はとうに亡くなっているし、妻は自分の不注意運転で傷ついてしまった。甘えることのできる女は、もう姉しか残っていなかったのである。

いや、二十数年も音信がなければ、姉と弟とはいえ、しかもそれぞれに死期を察知しながら生きている二人にあっては、そんなふうな夢見心地が生じるということなんか起こりえない。実際、姉は弟の八九三風をはっきりと嫌っていた。薄野の裏街で三十五年ばかりを過ごしたはずなのに、その嫌悪はどこからやってきたのであろう。二つのことしか考えられない。一つは、彼女の人生が裏街の暴力によって、結局のところは傷つけられたのであろうということだ。もう一つは、暴力に親しんで生きている者たちがほぼかならず近づいていく人生の悲惨な結末を、たった一人残っている弟の近未来に覗きみるのが嫌だったのであろうということだ。

いずれにせよ彼の姉は、その晩年において、静寂のなかで暮らしたいと念願していたのではないか。それと同じ念願が治夫になかったわけがない。だが、彼の人生の歯車はそのようには動かなかった。彼の次兄にしても、自分の出生や育ちのことは妻にすら話さず、料理人として黙々とはたらき、子供をしっかりと育て上げ、人生の憂さを酒にまぎらせたせいで癌になったようではあるが、誰からも後ろ指をさされることのない職人人生を全うしたようだ。

治夫とて、中学生のときには、少年航空自衛隊に入ろうと思っていたような少年であった。——その望みは、彼の片耳が（幼いときの中耳炎のせいで）聞こえないということで、断たれてしまった——。高校なんかに進学しなければ、治夫にも立派な職人人生が待っていたのかもしれない。しかし彼の人生の歯車はそのようには回らなかった。

人生の歯車を動かすのは自分だ、という正論がほとんど意味をなさない状況というものも、とくに成人になるまでは、あるものなのである。彼も、歯車の動き方が狂いはじめたのはどうしてなのかと事故省察を行っている。しかしそこで見出されるのは、高校時代における「孤独と空腹」という、物理的といいたくなるほどに平凡な原因なのである。

だが、平凡なものが最も手強いのだ。「家」とは、人間の孤独を（八九三になる臨界線の少し上のところまでは）癒してくれる場所であり、人間の空腹を（やはり同じところまでは）満たしてくれる場所なのであろう。

帰る家がない、そんな場所で少年時代を過ごせば、よほどの僥倖に恵まれた場合は別であろうが、自分を社会の歯車にかけるしかないのである。帰る家のない者にとって社会は、あたかもヒロポンがそうであるように、その者をますます苦痛に落とし込むべく次々と快楽を提供するという意味で、巨大な魔窟なのである。

朝鮮人だとどうしてわかったんだい

この文章を書いているうちに思い出したことなのだが、私は四十代の終わりに海野《うみの》治夫《はるお》と札幌で、ほんの束の間、擦れ違っているのかもしれない。冬の札幌の夜の路上で、彼が私に話しかけてきた一瞬をはっきりと思い出したのである。そのときの彼は大いに元気そうであった。だから、ヒロポン中毒から脱け出した以後のことであり、そして交通事故を起こす以前のことと思われる。

またそれは私が五十歳前後のころではないであろう。なぜなら、そのころの私は、評論家の成り立てできわめて慌ただしく、海野と会っている余裕はなかったはずだからである。そうしたことを勘定に入れていくと、彼が路上で問いかけてきたときは、私はまだ四十八歳であったのではないかと推測される。

そうか、あれは、私が東大でいよいよもって（下らぬ人事紛争をめぐり）喧嘩をおっぱじめなければならない成り行きとなっていた、昭和六十三年の一月半ばのことであったのか、と後追いで思い当たる。そのとき私は、果たさなければならない義理があって、札幌で講演を行い、一泊している。私が東大を留守にしたせいで、「人事紛争」が表面化したのを覚えてもいる。

そうした下らぬ出来事に関心が引っ張られたせいで、海野のことがすっかり忘却されたのに違いない。人間の記憶なんて手前勝手なものだとつくづく思うが、ともかくその夜のことだったのであろう、彼は路上で私の肩に手をかけるようにし、前後を歩いている数人の同級生には聞こえぬような小さな声で囁いた。

俺が朝鮮人だってどうしてわかったんだい。

それはすでに言及した私の「不良少年U君」という文章のなかで、「〝俺には他人にいえぬ秘密があってねえ〟と彼がつぶやき、私は、どういうわけか、彼は朝鮮人にちがいなかろうと考えたりしていた」と書いてあることをさしている。実はその前の「ジャンキーたち」のなかにその理由が記されていて、「その鋭角的な表情、敏捷な身のこなし、あらゆることに対する底知れない敵意、そうしたことが僕にそう思わせたのでしょう」となっている。しかし彼はそれを読んでいなかった。私は、たぶん、「うーん、何となくそう思ったんだ」くらいに答えていたのであろう。

彼は、私の「不良少年U君」が出るまでは、自分に朝鮮人の血が混じっていることを周囲に隠してきたのであった。八九三仲間にたいしてすらそうしてきたのであった。父親が朝鮮人であることを、彼は、自分のおかれた生活環境のなかで（たぶん十歳前後には）おのずと知ったらしい。それまでも朝鮮語を喋る人間が身の回りに時折に現れていたし、何よりも姉や兄たちが父親のことについてまるで緘口令のようなものを敷いていた。その父親についての沈黙が彼に、父親は朝鮮人なのではないか、と思わせたのである。

そんなこととは私は知らなかった。もちろん在日の朝鮮人が、とりわけ戦前にあっては種々の差別を受けていたことはよく承知していた。しかし昭和の五十年代に入っても、誰かがいわゆる在日であることを公言するのにそれほど慎重な配慮が必要であると私は考えていなかった。いや、Uのイニシャルで公表しておけば問題なし、といった程度の話だと考えていたのである。

それには、すでに昭和三十年代から、被告人仲間に在日が少なくなかったという私の個人的な体験が関係していたのかもしれない。――そういえば、東大を辞める前年に、政治的理由で故郷の朝鮮半島に入るのを躊躇していた元被告人仲間たちを誘って、韓国旅行をやったこともあった――。それどころか、私の故郷北海道には、いわゆる被差別部落が存在しないのみならず、いわゆる朝鮮人部落もなかったのである。

札幌にあったのは、豊平川の一条大橋の下の掘っ立て小屋で生活し、屑鉄拾いなどを生業としていた人々の、「サムライ部落」だけであった。なぜそういう俗称がついたのか、私にはまだわかっていないが、ともかく、その勇ましい名の集落とて、戦後十年にして取り払われ、そこの住民たちは市営住宅に移っていったという。したがって差別問題にかんする実体験が、私のみならず道民一般に、乏しいのである。

とくに私の性格は、「俺たちの祖先も北陸の部落民かもしれないね、その痕跡を消そうとして北海道に渡ってきたのかもしれないな」などと平気で喋る類のものである。兄妹たちから「そんな憶測が〝そうなのだ〟という断言となって独り歩きすると、縁戚の者たちが困るかもしれないのでやめてくれ」と文句が出ても簡単にはやめられず、妻に向かって「お前の顔はどうみても朝鮮系だ、李朝系と縄文系との混血だね。そして俺の先祖は、中国福建省から台湾へ、そして済州島を通って父方は富山、母方は石川に流れ着いたんじゃないか。俺の顔はスネーク・ヘッド（蛇頭）に、つまり海を海蛇のように渡る海賊の系統なんじゃないか」と喋ったりしてきた。

そういう言辞によって私が表したかったのは、保守すべきは人種や集団の壁などではまったくなく、（国際関係のなかで歴史的に形成されきたるものとしての）国家の、つまり「国民とその政府」の（言語活動における平衡の英知としての）伝統であり、そして（文徳による教化の基準としての）文化なのだ、といった種類のことである。

閑話休題。海野における「血筋の隠蔽」は、いうまでもないことだが、反日感情を彼の心のうちにひそかに醸成させずにはいなかった。正確にいえば、朝鮮という言葉に軽蔑の含意を持たせようとする日本人にたいする反感ということである。話がそちらの方向に入ると、彼は「素知らぬふりでそっぽを向くことにしてきた」と手記のなかに書いてある。そしてよくありがちのことなのだが、自分の窮状を説明するに当たり、まずもって「差別」のことを（少なくとも内心において）取り上げるという傾きが海野にあっても生じていたようである。事実、彼の第一回めの手記の初めあたりにこう書いてある。

たかが大正、昭和にかけての三十七年間、侵略目的で朝鮮半島を植民地にしていたくらいで、チョッパリだの半チョッパリだのといえるほど、貴様たちは偉いのかと、中学一年生のころからか、自分の心のなかだけで絶叫するようになった。そして社会環境で、ましてや家族の面で、恵まれなかった俺は一体何者なのだ。日本人でもない、朝鮮人でもない、とすると半チョッパリとは何処の国の人間なのだ。と自問自答したことが、悟り切るある年代まで幾度あったことか。

私が海野の手記を、最初のうち、いささかぞんざいにしか読まなかったについては、こうした「絶叫」を、もしくはその余韻を聞かされるのは嫌だなあと思ってしまったからである。なぜそう思ったか、説明は不要であろう。そうした政治イデオロギー含みの絶叫は、好むと好まざるとにかかわらず、その人の鼓膜にのみ大きく届くものなのである。

しかし彼のこの言葉の中には、一つの悲しい真実が含まれている。そのことに私は気づいていなかった。それは、「チョッパリ」という言葉を朝鮮人にたいする差別語だと彼が思い込んでいる点である。私はといえば、そもそもそんな言葉を聞いたことがなかった。で、そうか、朝鮮人のことをチョッパリと蔑称するのか、と思ってこの文章を読んでいた。しかし、序章で指摘したように、チョッパリとは日本人にたいする侮蔑語のことだったのである。それは「豚の蹄」のことであり、ひいては「下駄」(を履く者の足指の並び具合)へ、さらには「日本人」へと転意していく。

「在日」の社会に詳しい者は、チョッパリが日本人への侮蔑語であったということを知っているのであろう。今も在日の朝鮮人は、母国に赴いたようなとき、その生活の日本化を批難されて半チョッパリと軽蔑されることも少なくないと聞いている。樺太(今のサハリン)などで暮らしていた人も、そこには朝鮮人が多かったので、チョッパリという言葉の意味を知っているようである。しかし、樺太からの引き揚げ者の多かった札幌においてすら、そんな言葉を聞くのは、皆無とは断言せぬが、稀であったに違いない。海野は一体どこでそれを聞いたのであろう。そしてそれが朝鮮人への差別語だと全く逆に取り違えたのはなぜであろうか。二つのことが考えられる。

一つは、彼が幼少のとき、周囲に現れる朝鮮人のつかう（彼には理解不能な）朝鮮語の会話のなかに、チョッパリという単語が頻出したのではないかということである。そして、朝鮮人がおおむね惨めな状態におかれていることからして、その会話をたとえば「日本人たちが俺たち朝鮮人をチョッパリと莫迦にしている」という内容なのであろうと幼い彼は推測してしまったのではないか、ということが考えられる。

もう一つは、（沼田という炭鉱町で）母親の看病をしていたり（赤平《あかびら》という炭鉱町で）下男として子守をやっていたりしていたとき、彼は周囲の大人から、あるいは道端で行き会う少年たちから「半チョッパリ」と蔑まれたのではないかということである。彼をそのように蔑んだ者がいたとしたら、それは朝鮮人たちであった。実際、北海道の炭鉱にはたくさんの朝鮮人が（収入目当てに）入り込んだり、（戦時の徴用によって）連れてこられたりしていたのである。

しかし下働きに専念せざるをえなかった海野にそんな事情がわかるはずもなく、で、彼は、「半チョッパリ」という侮蔑が彼に不意にあびせられるという事態にだけ直面したのではないか。それで、自分の父親が（記憶にない人間だとはいえ）朝鮮人であるらしいと気づきはじめていた海野は、チョッパリを朝鮮人への差別語ととらえたのではないか。

半日本人奴《め》といわれているのに半朝鮮人奴といわれていると錯覚していた少年の姿に、私は、哀れを感じる。それは、彼の姉の場合よりも少し重い「存在の哀しみ」といったようなものだ。

彼の姉は——身売りされるのが嫌で逃走したあとのことなのであろう——ある朝鮮人の男と結婚して、韓国の木浦《もつぽ》に渡った。木浦は父親の故郷であるから、その男は海野の父親の知り合いなのかと思われる。

しかし彼女は、一年後に、身籠もっているのに収容所に入れられ、そのあと日本に帰ってきた。その男も妻を心配して日本にやってきた。だが彼女は赤ん坊を（名古屋の友人の家で）死産し、木浦の男の一緒に朝鮮に帰ろうという誘いを頑なに拒み、そして札幌に舞い戻った。東村山市恩多町のかの古ぼけた家で、彼女はそうした過去を遠くを見る眼で悲しげに語った、と海野がいっていた。

彼女はなぜ日本に戻ったのであろうか。日本が敗戦した翌年のことであるから、半チョッパリの罵声が朝鮮人たちから彼女にあびせられたであろうことは想像に難くない。ましてや、彼女の父親は、海野のルーツ調べのなかでわかったことだが、日本軍の軍属なのであった。そんな状況にあって、彼女が半チョッパリとして迫害されなかったはずがない。

だが彼女の場合、自分に起こっている事態を理解できた。朝鮮人からの侮蔑なり迫害なりの根拠を理解することができた。しかし末弟の治夫にあっては、すべて霧に包まれたように朦朧としていたのである。チョッパリの意味すらが定かでない、そんな能力しかない者が、異国人のあいだの差別語をぶつけ合う厄介な言葉のやりとりのなかに、たった一人放り込まれたのである。その幼い子供のことを思うと、私とてやるせない気持ちになってしまう。私の気持ちなんかはどうでもよいとして、人生の記憶の出発点あたりに、意味不明とはいうものの差別語であることだけは明瞭な言葉がいつまでも消えることのない無気味な羽音を立てて飛び交っているというのは、どんなにか不快なものであろう、ということはよくわかる。

しかも、これが最も残酷なところなのだが、いわば「反朝（をいう日本人）への反日」という彼のひそかな姿勢すらが、そのルーツ調べのなかで、根拠をばっさりと断ち切られるのである。つまり彼の父親は単なる（日本軍の）軍属ではなかったのだ。その父はおそらく大正五年あたりに日本に入ってきていて、そして木浦の港から北海道に朝鮮人を連れてくる責任者をやっていた。朝鮮名を朴汝信（日本名を中村仙太郎）というその父親は、敗戦の前年、「千人の朝鮮人を引き連れて」樺太の首都・豊原（今のユージノサハリンスク）の近くにある大谷飛行場の建設現場に向かった、それが海野の母親や姉や兄たちがみた朴汝信の最後の姿であった。治夫もそれをみたのであろうが、何も覚えていない。

ソ連軍は、ヤルタ会談での米ソ間の了解にもとづいて、日ソ不可侵条約を一方的に破棄し、日本がポツダム宣言を受諾したあとも、十日間ばかり、一方的に軍事攻撃を続けた。その間、四十万近くの日本人がどんなに酷い目に遭ったか、またその後、いわゆるBC級戦犯の摘発において、（情報の捏造を伴う）密告が樺太の地でいかに行われたか、関係者のよく知っているところである。戦後のチョッパリは、元へ日本人はそれを知りたいとすら思っていないが、引揚者ならばそれは忘れようとて忘れられない事実である。

いずれにせよ朴汝信はソ連軍に逮捕され、日本軍への協力という咎によってのことであろう、処刑された。そのことを海野は、ルーツ調べの過程で（主として姉との電話における語らいのなかで）知ることになる。また、もっと詳しい情報を得るべく、彼は「樺連《かばれん》（樺太引揚者連合会）」の関係者に近づいた。彼が刑務所に向かう三か月前のことである。そして刑務所のなかで、今もなお彼の（腹違いの）姉が生きており、その娘が（モスクワ留学のあとに）女医になっていることなどを知らされることになる。

わかりやすく分類すればこういうことだ。父親が朝鮮人だということと、日本人にあって朝鮮人差別が消えないということ、この二つが原因となって反日の気分を胸中に保持し秘匿しつづけていた者が、その父親の足跡を懸命に探し求めた結果、その足跡は「親日」の形をしていると知ったのである。手記には一言もないが、海野はさぞかし茫然としたのではないか。人生の行程にたいする方向指示機が急に消失したという思いであったろう。その後の手記における彼の筆致にも急に寂しさのようなものが漂いはじめているように私にはみえる。加えて、その娘や孫がロシア人になっていると知れば、彼としては、「恩讐の彼方に」としか思いようがなかったであろう。

それに加えて、これも姉との会話を通じ、海野は自分の家において、半年かそこらなのだが、「妻妾同居」が行われていたという事実を知る。つまり、木浦の本妻と（嫡子の）娘がその家によばれ、その後、父親がその二人を連れて樺太に向かったということである。往時、妻妾同居はそう珍しいことではなかった。また、海野は八九三であるから、マッチョイストたちの世界にあっては妻妾同居などは平然と受け流すのが習わしとみなしていたのかもしれない。また、「妾」のほうが「身受け」された身分の者にすぎないということが、その同居にとって安定材料となったであろうとも彼は想像したであろう。

しかし、私には察しがつく、あれだけ母恋うるの気分で自分の幼少期を繰り返し思い起こしていた治夫にあって、さらには自分の父親は時代の立派な犠牲者であるとあれだけ強く思いたがっていた彼にとって、父親の妻と妾が同居していたという事実が彼の喉元に刃のように突き刺さったに違いないと。

彼がこのように心理的難局にさしかかっていたとき、私たち夫婦はメキシコにいた。そこで二週間ばかり、パレンケ、ウシュマル、チチェンイッツァそしてテオティワカンというふうに、ピラミッドをふうふういいながら登ったり降りたりしていた。そうするのがその地への礼儀だと考えてそうしていた。

メキシコで私が海野のことを何度か思ったというのは本当のことだ。人口の七割がメスチーソとよばれる混血、それがメキシコの国柄である。こういうところに海野が身をおいてくれれば、チョッパリ云々という彼のこだわりも少しは薄れるであろうに、などと私は考えた。

メスチーソたちが自分らを「我ら、犯されし人々」とよぶのは、単なる自虐の表現ではないと私には思われた。それは、被虐心をあえてあっけらかんと表明してしまうことによって、出口なしの被虐の憂鬱から脱け出ようとする企てのように聞こえた。原住民の文化が最も強く残っており、私の好きな画家タマヨの出身地でもあるオアハカという町で私が最も大きな安らぎを感じたとき、そうか、歴史なき文明は、メキシコシティがそうであるように、文化から見放されるものなのか、と納得したりもした。在日のみならず我ら道民が、おおよそすべて、「捨てられし人々」なのだくらいに居直ったらどうか、と海野に語ってやりたいと思ったわけだ。

差別語についていえば、メキシコ人はアメリカ人にたいしてグリンゴという蔑称を与える。その原義はギリシャ人ということだと（辞書で）知らされていた。そうか、かつてのスペイン人たちは地中海文明の粋を運んでくるギリシャ人たちに（たぶん瞠目しつつ）反発していたのか、それをメスチーソたちが受け継いで（アメリカ合衆国への不法入国を企てながら）グリンゴ奴《め》が、といいつつアメリカに背を向けているのか、といったようなことを私はメキシコで考えていたのである。つまり、自分たちを犯したスペイン人たちの差別語をメスチーソたちが借用しているわけだ。そんなことを海野が知れば、日朝に引き裂かれた気持ちも少しは鎮まるのではないかと思ったりした。

異国に身をおくと、自国の出来事を少しは客観できる。だから、メキシコから戻るとすぐに海野に電話をしたとき――彼の父親が樺太で消息不明となったということしか知らなかったので――「一緒に樺太に行ってみよう」と提案した。彼の返事は「そういってくれて有り難う」ということだけであった。刑務所からの手記には次のように書いてある。

一緒にサハリンに行こう、と言ってくれた言葉が、私の耳の奥に明瞭に残っている。心からありがとうと思ったし、その言葉を聞いた後、二人でサハリンの地に立ち、遠く朝鮮半島、シベリアの方を眺め、そして我が祖国、日本の北海道を見はるかす二人の姿を想像した。

もちろん、そのときの彼は刑務所に入る予定でいたので、これは文字通りに想像にすぎない。というより、私のほうの今現在の想像でいえば、海野の気分は樺太どころではなかったと思われる。父親の親日（もしくは協日）の廉による処刑やその妻妾同居のことなどを知って、身のおき所がない、といった気分だったのではないか。父は日本に協力し、そして日本の「戦後」によって否定された。母は家族を助けんとし、そして家族から見捨てられた。治夫本人は八九三に身を投じ、そして八九三に歯向かわざるをえなくなった。自己投企が自己投棄に変じる、それが海野家族の歴史であった。そんな倒錯した「歴史」を史《ふみ》で客観的に歴《あらわ》すのは、おそらく、彼の手に余る仕事であったろう。

ここで海野治夫のことを書いている私の立場からすれば、彼が平板な差別物語のなかに身をおくということにならなかったのは、好ましい成り行きであったと思わずにおれない。「我が祖国、日本」という言葉を彼が吐くことができるようになったのも結構な結末であったと思う。しかし同時に、彼の心にぽっかりと生じたであろう大きな空洞のことを思いやると、辛い気分であったに相違ないと同情が湧いてくる。

真実、その家族は、戦後の民主日本にも反日韓国にも根を下ろせない経緯にあったのである。それを知るということは、彼の家族が戦後、なぜ一家離散に追い込まれざるをえなかったか、そしてその離散をなぜ時代の宿命とよばざるをえないのか、それを心底から理解させられるということである。

たぶんそのせいと思われる、彼の手記の後半部分は、「姉の面倒を、できることなら、みてみたい」ということのほかは、「親族の散らばった骨を集め、行方不明の骨をみつけたい」ということに集中している。事実、あちこちの寺や役所に問い合わせ、過去帳を調べ、真駒内のある霊園の下見すら行っている。離散家族の末子としては「せめて墓のなかでみんなを一緒にさせてやりたい」と思うものなのであろうか。冷静にいえば、それはまだ生きている彼にとっての、いや（彼の余命は長くないのだから）彼のお嬢さんにとっての、心の拠り所を作りたいという行為なのであろう。

そうではない、たとえば私たち夫婦のような他人においても、そうした海野家の墓がもしできていたら、それをみて「ある男の家族を思う心の深さ」を感じることができる。したがって、墓には公共性があるのであり、海野がやろうとしていた墓作りも単なる気休めなんかではありはしない。だが、当たり前のことだが、「墓」は海野治夫の最後の夢想であったのだ。彼には、八九三の世界における告発実行、刑務所行、そして自死決行が待っていた。彼の人生の現実に、集骨や拾骨をやりつづける時間や金銭の余裕はなかったのである。

彼がもっとゆっくりと事を運んでくれていたら、私にも何かできることがあったであろうと今は思いはする。私たちのように少年時代は強い絆があったものの、成人してからは五年や十年に一度しか会わないような人間関係にあっては、相手の心の奥深くを思いやるのに、ずいぶん時間がかかる。いや、そんなことではない。彼のほうに私の協力を当てにする気などは少しもなかったのだ。彼は刑務所からの手記でいっている。

今こうしてこんな特殊な場所から、君にたいしてペンを執っていることさえ気が咎めるのである。君は我れ如き分際から迷惑をかけられる位置にある人物ではない。だからこうしてペンを執っていても、君に迷惑をかけるのではないだろうか、と案じている。

生前の彼に、せめて一言、いっておけばよかった。私は、あの高校時代の変な少年のまま、東京という「文化なき文明」の地で、うろうろと死に場所を求めて三十五年を過ごしてきただけの人間にすぎないのだと。

俺の家族にだって正義があるんだ

海野《うみの》治夫《はるお》の手記には兄たちへの言及がほとんどない。言及しかかっては沈黙する、といった筆遣いなのである。それもむべなるかなという気がする。長兄は治夫より十歳そして次兄は五歳、年長である。男の兄弟というものは、昔も今も、人生談義や世間話をできるほどに年経るまでは、互いに寡黙であるのが普通なのだ。まして五年、十年と年齢が離れていれば、共通の話題も乏しく、治夫の記憶に残るのは兄たちの一言、二言だけといったことになったのであろう。

しかもその兄たちは昭和一桁に生まれている。つまり戦後の混乱を青年前期あるいは思春期において迎えた世代である。ということは、少し遡って彼らの思春期や少年期についていうと、日本の国家が大陸方面そして太平洋方面で大戦争を展開していたということになる。時代の表面は加熱していたとしても、その内部は、つまり人々の気持ちは不器用に硬直していたといってさしつかえあるまい。そういう時代を北辺の社会の底辺あたりで過ごした人々が言葉を喪っていくであろうことはすぐ想像がつく。

極言すると、長兄は「ヒロポン常習者で、見る影もない生き方をして、野垂れ死にした」ように治夫の眼には映じた。それが長兄の周囲に残した人間像でもあった。また「十五歳にして故郷を捨て、出自を一切隠し、職人として黙々と働き、家庭をしっかりと築き、酒毒による癌で死んだ」、それが治夫における次兄の生涯像といってよい。次兄が周囲からどう見られていたかは、治夫の知りえぬことであった。どだい、兄たちの像を彫琢するには、治夫に残された情報があまりに少なかったのである。

もし長兄の生活にしてもう少し健全であったなら、海野家の一家離散が起こらなかったであろう、などと述べ立てるのは酷な物言いというものである。また、長兄の「グレル」生き方をみて、そうした性癖が末子の治夫にもあったのではないか、などと見立てるのも乱暴な診断である。そうでないと断言する資格は私にはないが、人間像には背面もあり背景もあることを忘れてはならないのではないか。

長兄はいわゆる「兵隊帰り」である。少年兵も同然であるから軍隊に深入りしたとは思われない。しかし戦前・戦中に、彼が私生児として、また半朝鮮人。半日本人として、陰に陽に人生の重荷を担わされたであろうことは論を俟たない。また戦後にあっても、半チョッパリであった彼は、札幌にもあったに違いない朝鮮人の――コミュニティ（共同体）とはいわないが――人間関係から多少とも疎外されていたのではないかと思われる。それに加えて、父親の朴汝信の（ソ連軍による）処刑である。

その処刑が戦後的な歪んだ歴史観において意味するところは、「朴汝信は日本軍による朝鮮人強制連行の手先きであり、同胞を北海道や樺太のタコ部屋に叩き込んだ現場の責任者である」ということにほかならない。末子の治夫に知らされなかった最大の秘密は、父が朝鮮人であるということよりもむしろ、処刑されたＢＣ級戦犯であったということなのだと思われる。戦犯は悪人、そうみるのが当時の風潮であったのだ。長兄は、直接に指弾されることがなかったとしても、戦犯の息子と蔑まれる可能性を強く感じたであろう。そんな彼を敗戦直後の就職難や食糧難が襲う。彼に流れ込んできたのは（軍事物資の一種であった）ヒロポンだけ、といった有り様であったろう。

そうこうするうち母親が家を手放す。当座の食料を手にするという必要があったとはいえ、その（近所の）買い手の口上は「不良の長兄がこの家を二束三文で売り払うに決まっている、今のうちに高値で売るのが得策」というものであった。実際には、その隣人は、法外な低値《ひくね》でそれを物にした。そうだったというのが治夫の姉の証言である。そのようにして一家を住居において離散させた負い目が長兄の上にのしかかる。

私も、戦後すぐ、「兵隊帰り」の虚無感にとらわれた青年たちを、六、七歳の眼でみたことがある。敗戦のすぐあと、我が家の庭（というより単なる土の上）に四、五十名もの若い兵士が腰を下ろして弁当を食べていた。一様に土気色の沈んだ表情で首うなだれている彼らの姿を私は忘れることができない。戦争帰りの（肺病病《や》みの）ヒステリックな教師が、行儀の悪い小学二年生の私の頭に鉛筆の芯で「錐揉《きりも》み」をしたのも覚えている。また、我が家の隣家（親戚に当たる浄土真宗の寺）の次男は予科練帰りで、陽の射さぬ部屋の真ん中で一升壜を膝のあいだにおき、黒ずんだ顔で、ただ畳をじっとにらんでいた。小学校のある教師が、夏の深い叢《くさむら》のなかで、片手にやはり一升壜を握ったまま、真っ赤な顔で眠りこけてもいた。時代のみならず自己の心棒を失わざるをえなかった当時の青年たちに今さら審判を下す気持ちも資格も、私には少しもない。

そのような長兄に治夫は何の不平も差し向けていない。それもそのはず、下男奉公から逃げてきた治夫の面倒を——ほんの短期間とはいえ——曲りなりにもみたのはその長兄なのである。また自分が刑務所に入るときは、自分の仲間や知り合いに小さな弟の面倒を頼んだのであった。もちろん、その面倒をみることの実態たるや、「薬」を買いに行かせたり、「押入れ」に寝かしたり、隣りの布団で「男女のまぐわい」をみせつけたりといった具合ではあった。しかしそれでも「チビ、チビ」とかわいがってもらえたのは、治夫にとって悪くはない思い出となったのである。

とはいえ、長兄が八九三の端くれにも引っ掛からないような半端きわまるアウトローとして一生を終わったことについて、治夫が残念を覚えているようである。当たり前で、ヒロポンの代金のためならば、姉の家財道具を売り払うということも含め、世間の前で恥をかくことも厭わずとなると、任侠から外れること甚だしいというしかない。だが、治夫の手記に次のような一行があるのをみたとき、私は、物事には裏があるものだと納得した。

長兄が無様な生き方をしたのは、私という弟を抱えていたからではないか。

たしかにそうであろう。長兄は重症のヒロポン患者でありながら、治夫の父親役をも、少なくとも主観的には引き受けざるをえなかったのである。「あんちゃん、あんちゃん」と慕ってくる末弟がいるのに、短刀《どす》を呑んで肩で風を切る、というふうにはいかない。弟の飯代のためにケチな借金や犯罪を重ねる必要も生じたに相違ない。弟の面倒をみてくれる仲間や知り合いにも遠慮しなければならないということにもなっていく。治夫は、自分が八九三の幹部になっていくにつれ、長兄の不甲斐なさの一つの大きな原因が自分の存在にあったのだと思い知ったのである。

そこが札幌薄野の裏街というちっぽけな界隈だ、ということも長兄の振る舞いに影響を与えていたのかもしれない。東京のような大都会ならば、半端者は弾き飛ばされるという社会力学がはたらく。しかし、よくは知らぬが、地方都市の裏街には、良くいえば温情の、悪くいえば狎《な》れ合いの網目が張り巡らされているのではないか。そういうところでは、乾坤一擲、自分の人生を転向させるべく東京に出奔、というようなことが難かしくなる。しかし海野の長兄が薄野でうごめいていたこととて、私たちより上の世代にとって、少なくとも立場も金銭もない人間にとって、札幌と東京の距離がどんなに大きかったかということを思えば、加えて小さな弟がそばにいるとなると、やむをえぬ仕儀とみえてくる。そうした大きな転回なり移動のためには、兵隊としてどこかに運ばれる、というような強制が必要だとすら思われてくる。ソーシャル・モビリティつまり社会的移動性が小さすぎるとき、人の心身が、漬け物が腐るようにして、悪臭を放つということになりがちなのだ。

次兄のほうは、戦争が終わったとき、小学卒業の段階であった。だから一家離散に当たって、本人の意志ということもあったろうが、そもそも街のチンピラなどにはなりえない年ごろであった。そのおかげなどと失礼は申さないが、ともかく次兄は、まず札幌の鉄工所に住み込みで働いて口に糊をし、次に（赤平の少し南方にある）上砂川の料理屋で調理人の修業をし、そのあと薄野の仕出し屋で下働きをやっていた。

赤平で下男奉公をしていた（十歳の）治夫のところに次兄が会いに来た。次兄は、十五歳で、東京に向かうことになり、別れの挨拶にやってきたのである。そこの仕出し屋が始めた東京の出店で見込まれて働くことになったとのことである。そのときに次兄が話したのは、約すれば、次のようなことである。

治夫、俺は北海道を離れるぞ……お父さんとお母さんのことは、他人に絶対に喋るな……いいか、頑張るんだぞ、俺も頑張るからな。

その後、次兄は東京で立派な料理職人となり、箱根のホテルで一人前となり、そしてさる有名デパート内の出店を任される立場にすら立ち、二人の男の子も立派に育て上げた。ただ、先に触れたように、酒毒からくる癌のせいで五十歳で亡くなったという。北海道にはとうとう一度も戻らなかったともいう。

次兄は早めに、そして姉は晩くなってから、故郷を捨てた。そうすることによって生活の安定というものを手に入れたようではある。しかし、その代償は「秘密の保持」であり、「孤独の持続」ということではなかったろうか。故郷を捨てた人間は、大概、そうした人生に直面するのではあろう。しかし、この場合、故郷に残した家族（の記憶）はといえば、銃殺されたり野垂れ死にしたりした人々についてであり、そしてこれからそうなろうとしている末弟についてである。その秘密にもその孤独にも、身を切られるものがあったに違いないと思われる。

治夫は、ヒロポン中毒が激しくなりかけの四十歳のころと思われるのだが、東京の次兄の家を訪れている。二人は布団を並べ、暗闇のなかで喋っていた。次兄はいった。

お母さんはお前の手を引いて札幌を離れようとしていた。でも俺には、一緒においで、とはいってくれなかった。お母さんが俺をおいて、お前と二人で去っていった後姿を俺はまだ覚えているんだ。俺はお母さんに捨てられたんだ。

四十代半ばの男が泣き声でそういうのを聞いて、治夫はどうしたのであろう。自分のやった母との行商や母の看病や下男奉公について語ったに違いない。感情の激しい治夫のことであるから、同じく泣き声であったと思われる。それを聞いてから次兄はいった。

実はな、お母さんは、お前も一緒にくるかい、と聞いてはくれたんだ。俺のほうがいやいかない、といったんだよ。二人を連れていくのは無理だ、とお母さんの顔に書いてあったし、俺のほうも、一人で生きるんだ、と覚悟していた。お母さんを捨てたのは俺のほうかもしれないんだ。

そして、三十年前と同じことを泣き声でいった。

治夫、いいか、頑張るんだぞ、俺も頑張るからな。

さもありなんと思う。母に捨てられたのか、母を捨てたのか、どちらともいえないような記憶を少年のときに持たされた者は、裏で泣きながら表で頑張るほかにどんな手立てがあるのか、私にも見当がつかない。

「両親のこと」について、次兄は自分の家族にたいしても何一つ喋らなかったという。一つのみごとな生き方であるといわなければなるまい。私とて知っているのだ、どこの国においてであれ、人間の九割が差別主義者であることを。ここで「主義者」というのは、差別意識を諧謔精神や文化意識に転化させたり昇華させたりする気力も能力もない人々をいう。

しかし治夫は、「両親のこと」については喋るなという次兄の教えに、最後には逆らうこととなった。それに私も一役買っているのかもしれないが、手記において治夫は自分のルーツ調べに入り、そして両親をはじめとする自分の家族について彼の知りえたことのおそらくすべてを手記に書き記した。それを読んで私は、率直にいわせてもらうと、豊饒のなかで退屈している人々に、その手記の意味するところを知ってもらいたいと思った。

その意味を測定し表現するのが、治夫の書き物を突如として大量に送り届けられた私の責務であるとも考えた。いや、責務であるのみならず必然でもあるとも思った。なぜといって、そうしなければ、治夫の（というよりその言葉の）魂が鎮まることがなく、いつまでも私に何事かを問いかけてくるからである。

治夫は次兄の「沈黙」についてずいぶん気にしてもいる。事実、治夫とて、私が「彼は朝鮮人ではないかと思った」と（「不良少年U君」で）書いてしまうまでは、沈黙を守っていたのである。だが、手記を書く段になって、次のように構えるに至った。

次兄は受け身で〝家族の問題〟に対処しようとしていた、しかし私はそうはいかない、打って出たいのだ、私の家族にだって正義があるといいたいのだ、そのためには朝鮮人の父が日本の軍属であったことも、母がその父に身受けされた娼婦であったことも明らかにしなければならない。

たしかに、この手記は海野治夫なる人間に多少ともかかわる（ごく少数の）人々に、そして彼のことに多少とも関心を有する（それより多めの）人々に、どうしても必要であったと思う。もっというと、自分のことを引き合いにして恐縮だが、海野治夫という八九三との友情関係を保ってきた私自身が何者であるかをよく知ってもらうためにも必要なのである。

たとえば「治夫の母親は何者であるかわからない」という情報にせよ「彼女は娼婦であったらしい」という情報にせよ、あまりにも多様な、そしてしばしば歪曲された解釈をもたらす。それはひいては治夫（およびその関係者）の肖像をすら汚したり歪めたりしてしまう。しかし海野は、そのルーツ調べのなかで、母親は（江戸幕府の最後の砦となった）五稜郭の出身であると知る。その地を訪れて、祖父の代までは、五稜郭の「御堀の氷」の販売権を一手に独占し、「最も大きな墓」を建てていた一族であったこともわかった。そしてその一族は南部藩のおそらくは武士であったと彼は推論する。なぜなら、室蘭あたりに嫁いだ母の姉妹たちの家に、先祖の形見として、鎧兜《よろいかぶと》が長いあいだ蔵《しま》われていたということだからである。

このようなことを知って治夫は素直に喜んでいる。とくに伯母や叔母の子孫たちが治夫に親切に応対してくれたことが何より嬉しかったらしい。自分の母は、そして自分自身も、「どこの馬の骨とも知れぬ」ような存在ではないと彼は人生ではじめて知ったのである。それは、出自に不安を抱いてきただけに、彼に大きな安心をもたらしたようである。

また、先に少し触れたことだが、母親の兄に当たる人物は、妹たちや弟を連れて、旭川の周辺を転々としている。それは一族が衰運に向かっていることの印である。だから、治夫の姉が旭川の番外地で出生していることと重ね合わせると、治夫の母親は家族のために身売りしたのではないかと推測される。そして治夫が（姉から聞いた）母親の片言を付け加えてみると、その身売りは叔父の学費を捻出することに関係していたのではないかとも推測される。治夫にとって、自分の母親の名誉が守られた、と安堵する一瞬であったことであろう。

この推測の当否を直接に証言してくれる血族なり縁者なりは誰もいない。いや、母方の叔父は、当時、まだ存命であったのだが、治夫によれば、その家族は、とくに叔父の妻が、治夫の近づくのを忌み嫌ったという。その叔父の存在を知ったのはすでに治夫が中学生のころなのだが、以後のたった二、三度の出会いにおいても、治夫はただ嫌悪感を剝き出しにされたといっている。

治夫が浮浪児も同然であったせいだろうか、それとも治夫の父が「朝鮮人」であったためだろうか。治夫の長兄がヒロポン代ほしさに親戚にタカりをはたらくというようなことをしたのであろうか、それとも親戚に治夫というなうての八九三がいることを世間に知られたくなかったのであろうか。あるいは治夫の母が元娼婦であったせいだろうか、それともその身売りの顚末にかんし負い目を感じていたためだろうか。

治夫はその叔父家族にたいして、呪わんばかりの怒りを書きつけている。とりわけ、自分はルーツ調べをしているだけなのに、「何でそんな古いことをほじくるんだ」とにべもなく協力を断わられたことについて、彼は、その姉つまり自分の母親のことを思って、断腸の思いにかられている。

しかし同時に、世間とはそういうものだと、彼はわかってもいた。親戚のこともしばしば含めて、聡明な人間があまりにも少ないからには、世間とは、せいぜいのところ、「思いやり芝居」を演じているだけの場所なのである。そのことを治夫の母親はもっとよく知っていたらしい。彼女は、困窮の果てにおいても、決して兄弟にも姉妹にも近づいていないのである。

戦前の北海道というものを味わったり学んだりした者は、自分の母親がどういう経緯で娼婦になったかということにかんする海野の推測が正しいと推測するであろう。戦前、そこは敗残兵、犯罪者、食い詰め者、冒険者、布教者の集まる場所であった。またその時代には、北海道に限られないのであろうが、兄が弟のために妹を売る、ということも起こりえたのである。我々の時代にすら、それに近いことが起こっていたのだ。たとえば、高校の同級生のある女性のことである。私は、大学浪人のとき、彼女の（高校浪人をやっていた）弟の家庭教師をやっていた。彼女は、長女として、樺太からの引揚者である自分の家族を助けるべく働き通しにはたらいて、二千万円の貯金をつくった。彼女は乳癌になっても（出費を恐れて）病院に入ろうとせず、それが骨癌に転移して歩けなくなった五十歳代の半ば、胸が破れて肋骨がみえていたという。今からほんの十年くらい前の話である。彼女の（私の妻の親しい友人でもある）女友達は、薄野の交差点でばったり会ったバー・トリノの平山さんにそのことを報告しているうち、路上にしゃがみ込んで泣き出したという。

そういう類の時代背景のなかにおいてやれば、治夫の母親の姿がずいぶんと落ち着いてくる。海野のルーツ調べは、次兄の沈黙にも存在感がありはするものの、彼の（まだわずかに残されている）関係者にとってやはり救済であったといえるのではないか。一族の祖たる女がみずからを犠牲に供したことに名誉の感覚を多少とも抱くのではないか。

しかし次兄の沈黙は海野の想定したのよりももっと重いものかもしれない。治夫は、放火犯退治のことに触れて、「海に飛び込む時は海の事だけを考えなければならない」と記している。その通りなのであって、状況のなかでの決断は、大概、そうしたものである。次兄が料理職人の道をひた走ったについても、そういう心理があったとも考えられる。北海道については忘れたことにし、おのれの離散家族について語るものは何もないとすること、そう信じるまでに強く仮説しなければ、次兄は職場と家庭を守れなかったのかもしれない。

それほど北海道の記憶が彼には重かったのかもしれないのだ。逆にいうと、母から捨てられたか母を捨てたのか、という臨界状態から出発し、いつも内心に孤独を抱えて生きてきた人間にあっては、職場と家庭は測り難い重さを持っているということである。

はたして治夫にあって、そのことだけを考えていればすむというような飛び込み先があったのであろうか。暴力や麻薬に始まり手記執筆や焼身（もしくは投身）自殺に終わるまで、彼は敵に特攻を仕掛ける勢いで目前の対象に飛び込んでいきはした。しかし、凡庸な言い方だが、彼には「学習が邪魔をした」といったところがあったのではないか。

彼はなかなかの読書家であった。まず子供のころ、大人の世界の講談本やエロ本で——当時の読み物にあって漢字はルビ付きであった——国語を独学で学んだ。そうした類の本には歴史的な出来事をめぐる教訓話もたくさん載っていたので、その学習は歴史や道徳の勉強にもなった。また、合計して十数年の刑務所暮らしにあっても、作業時間以外は本を読んでいた。だからその知識は、なまじの大学卒業者の及ぶところではなかった。彼は保守派の教育論の実験台ででもあるかのように、「教育の根本は国語にあり」を生涯にわたって実演してみせたのである。彼が札幌のアウトローの世界で一定の権威を保守しえたのも、その言葉の学習力とそれにもとづく言葉の表現力によるのだと思われる。

このように、我知らず、事実認識や価値判断についてあれこれの知識を仕込んでしまった人間は、目前の対象に没入することが難かしくなる。正確には、たとえ対象に没入したとみせかけることがあっても、それは「知識からやってくる雑念」を振り払うための所作なのだ。そうと自覚するとき、彼は、知識人奴たる私を友とすることに便利を感じたのではないか、とすら思われる。この点において治夫は、姉とも兄たちとも、異なった境地で生きていたと思われる。

知識は対象と自己のあいだに距離感を作り出す。いいかえれば思考と決断のあいだに執行猶予の期間がもたらされる。それは、とくにその知識が紋切型に収まっていくとき、人生から活力を奪うような冷ややかな距離となり退屈な猶予となる。だから、その距離を一挙に乗り超える冒険や、その猶予を早急に解消する決断が晩かれ早かれ企てられることになる。

海野がそうした心理の動きに自覚的であったとは思われないものの、刑務所からの手記でルーツの調査や放火犯の追跡は「もう時間切れだった」と書いてある件りは、彼なりの最後の冒険や決断のためにあらかじめ期限を設定したことを意味している。そう、人生は有限なのだから決断にも締切日を設定しなければならない。そして時間切れになったならば何事かを決行しなければならない。知識とそれにもとづく思考がその決行の邪魔となるのならば、邪魔者は消せ、雑念を振り払え、何も考えるな、それが彼の究極の思考となったのであろう。

その境地でピストルの引き金を引き、刑務所で自分にはもう何も残されていないことを五年にわたって確認し、そしてガソリンを全身にあび火を放ったのではないか、あるいは真っ暗な河口にえいやっと身を投げたのではないか。そのように治夫の意識が死ぬまで醒めていたのであろうと想像すると、母親や兄たちの病死よりも、その末子の自死に何か辛いものがあると私は感じる。自分の空虚を自分で焚刑《ふんけい》に処すのが精神の力業であることだけは確かなのである。

赤猫は許さねえ

　先に私は、平成三年の「地揚げのための放火」事件について言及した。それに海野の子分たちがかかわっていたせいで自分にも放火犯の汚名が、少なくとも札幌のアウトローの界隈で、着せられそうになっていた。そのことが海野治夫《うみのはるお》には、当たり前のことだが、許されざる事態と思われた。

　ところが、その放火犯を炙り出しているうち、（海野にとっては）とんでもない事実が判明したのである。実は、昭和六十三年というバブル経済のさなかにも同種の放火事件があったのだ。その当時、それは単なる失火であろうと彼は受け取っていたのだが、放火容疑者を追求していくうち、四年前のも放火であったと知るに至った。しかも焼け落ちたいくつもの店の一つは、彼が中学と高校の段階で世話を受けていたあの（「小桜《こざくら》」という名の）居酒屋だったのである。

「大恩人」の店を自分の仲間たちが焼き払った、その悪行に自分たちが使われていたと子分たちから（内密に）告白されて、海野は、彼自身の表現によれば、「怒髪天を突く」形相で猛り狂い、そして言い渡した。

　赤猫は絶対に許さない、かならず復讐してみせる、お前たちを血祭りに挙げてやる。死んでからは地獄はないのだ、生きているから地獄があるのだ、そうなのだと思い知らせてやる。

彼は放火犯のことを「赤猫」とよんでいる。たぶん、江戸言葉なのであろう、それを何かの時代小説で読んだのであろう。赤猫はアウトローとて避けて通らねばならぬ天下の大罪人であると彼はみた。それもそのはず、火事には類焼の恐れがあり、また罪咎のない人間を焼死させる危険もあるのである。事実、「小桜」の隣家の老婆は二階で逃げ場を失い、たまたま通りかかった何人かの大学生が手を広げ手を繋いで、飛び下りる彼女を受け止めたそうである。焼き払われた一角に大恩人の「小桜」の店があったわけであるから、それに知らぬ顔の半兵衛を決め込むのは海野のよくなしうるところではなかった。

この海野の怒りをさして、正確にはその怒りが途方もなく激しかったことをさして私は先に、交通事故で若者を死なせ自分の妻に負傷を負わせてしまったことにたいし、「転移」の心理メカニズムを発動させたのではないかとみた。つまり関心の対象を移動させることによって直面している心理的葛藤から逃れんとしたのではないか、ということである。

この推論を取り消す気は私にはない。何といっても彼は、事故に至る経緯について詳しく説明しているにもかかわらず、(信号のない交差点での) 注意義務が自分のほうにあったということについては、ほんの一言、然り気なく言及しているだけなのである。また妻の負傷についても、詳しく言及するのは嫌だ、といった気持ちがその筆遣いにはっきりと現れている。何かほかのことに熱中することで事故のことを放念したい、といった海野の姿勢がありありとみてとれる。

しかし、「赤猫」たちに激怒してみせたのは彼の自己欺瞞だ、などと解釈することはできない。「赤猫」を追跡し捕縛するのは、彼にとって、八九三の任侠道をつらぬくことであった。「男の意気」を貫徹させ、「男の面子《メンツ》」を保持することであった。それは彼の――パブリック・マインドつまり公心というのは一般的すぎるであろうが――仁義というべきものである。

公心といい仁義といい、「人前にあからさまに立ち現れて、価値について明確かつ賢明に述べる」謂《いい》である。任侠といい意気といい面子といい、プライヴェイト・マインドつまり私心における葛藤を、解決すべくみずからを仁義の次元に立たせることである。仁義をつらぬかんとするのは、サブリメーション（昇華）という名の上等な自己防衛なのだ。つまり関心対象の転移にも、自己欺瞞のための精神の水平移動だけでなく、自己浄化のための精神の垂直移動というものもあるのである。少なくとも心理の構造においては、彼の赤猫退治はおのれの精神が浄化されるのを期待してのことであったに違いない。

任侠道を守るか放火犯（の一味）に堕ちるかは海野にとって死活の重みを持つ事柄であった。任侠とは何か。「弱きを救け強きを挫く」ことを意気と感じ、その意気を守りつづけるのを面子とすることにほかならない。詳しくいえば、神農道（という農本主義の一種）につながる香具師の精神と任侠道に向かう博徒の精神との別があるのであろう。八九三とは、狭くみれば、後者の博徒のことである。しかし海野にあっては、また札幌のアウトローの現実にあっても、両者の区別などありはしなかった。何はともあれ、強きに逆らい弱きを励ますのが任侠道だ、というくらいに考えられていたのである。

しかしそう構えるためには、弱き者たちに不義がなく強き者に不義がある、という前提がなければならない。そしてこの赤猫事件こそはその前提が文句なしに成立する場合だったのである。

自分の恩人の家を自分の仲間が焼いた、という場合において任侠道を演じ切ってみせれば、ヒロポン中毒や交通事故で周囲に及ぼした迷惑や損害も少しは割引いてもらえるかもしれない、と彼は考えたのであろうか。そういう死活の人生演技に赴かないならば、自分は単なる半端者と世間から、妻子からも含めて、みなされてしまうと恐れたのであろうか。それは目の当たりにみた長兄の人生である。また札幌の豊平区や白石区あたりにたくさんいるといわれているアウトローたちの末路、つまり「元暴力団員たちが生活保護で生きる」という姿に我が身を窶《やつ》すことである。

それでも構わない、長生きは何文かの得、という退嬰のニヒリズムは海野の採用しうるものではなかった。そんな結末になるのでは、自分がこれまで示してきた意気もこれまで張ってきた面子もすべてみせかけのものにすぎなかったということになってしまう。それは自分の人生が無価値であったと徹底して知らされることだ。生きることの意味を見失ったあとでなおも生きつづけるのは死にたくなるほどに辛い老後ではないのか。そうと自覚できないのは、聡明さというものを、たぶん幸福なことに、持ち合わせていない人間だけである。

海野にあって任侠道が「死活」の重みを持ったというのは、その語の赤裸な意味合においてである。つまり、生き長らえる方向に自分の人生を持っていこうとすれば、「赤猫」を見逃すほかなくなる。さらに、生き長らえたとて世間から認証を得るような家庭も職場も作れなかったからには、妻子からも含めて世間から蔑視されて致し方ない成り行きとなる。

こうした状況にあっては、生命そのものがニヒリズムの瘴気を際限もなく発生させる沼地と化す。

命以上に大事な物事なんかありはしないのさと嘯《うそぶ》きつつ、あらゆる物事にただ薄ら笑いを浮かべて生き長らえる、それが自分の生となり、そして自分の死はそうした無駄な生の自然消滅にすぎぬものとなる。

生に意義あらしめるためには、ニヒリズムの根にほかならない生命を断つことを覚悟しなければならない。通常の人間は、この「よく生きるためにはよく死なねばならない」という逆理の存在に気づいたとき、学問や芸術や宗教の次元におのれの精神を昇華させようとする。しかし八九三にはそのような自己昇華の道は与えられていない。任俠に賭ける八九三の意気とは生きるか死ぬかをみずからにまっすぐ問うことである。そして八九三の面子とは、任俠に反することなしには生きられぬとなれば、死んでみせることである。

海野は、この任俠のロジックそれ自体については、それまでに何度も口にしたであろう。しかしそれは、若い体力を誇示して集団で決闘に臨む、というような場面においてであったと思われる。しかしこの赤猫事件にあっては、老いた八九三がたった一人で、いわば「仲間を売る」という形で、自分を死地に追い込んでいかなければならなかったのだ。そうしなければ任俠に真っ向から反することになる、と彼は考えたのである。

彼の判断が妥当であったかどうかについて、疑義を呈するのは簡単である。戦後日本のような我欲のはびこる社会で任俠道を云々するのは時代錯誤である、それまでも任俠から逸脱する行為に海野が手を染めてこなかったはずはない、という見方もあるであろう。しかしはっきりしているのは、彼が刑務所に入ったのはすべてアウトローの世界における「出入り」をめぐってであって、一般市民を直接に傷つけてのことではないという一事である。しかるにこの赤猫事件はあきらかに一般市民の財産を襲うものであり、それに伴って一般市民の生命にも危害が及んだかもしれない類のものなのだ。そういえばこの事件が発覚したまさにその年に暴対法（暴力団対策法）が成立している。この法律にかんして海野は次のように述べている。

国家が暴力団はもう必要ないと宣言したのである。厳しい法律が制定されたのである。これには抗しようがないのである。これからは、少数の任俠に徹する者だけが、信念にかけて、自分の道を進むしかないのである。

彼の提案しているのは、八九三の組としては、疑いもなく滅びの道に向かえということであった。暴対法の下では、アウトローたちは法律の網の目をかいくぐって（犯罪も同然の）企業活動に向かっていくであろう、と彼は察していた。手記では、この赤猫事件の背後にも、ある（不動産）会社が控えていると彼はつかんでいたとのことでもある。そうした類の企業活動は、赤猫事件がその典型であるように、一般市民を直接のターゲットにすることが多くなる。だから暴対法は、皮肉にも、任俠を奉じる八九三を絶滅させ、彼らを法の網に引っ掛からない知能犯に、もしくは法の網を平然と破る狂暴犯に、変質させるということになる。そこで海野は（刑務所からの手記において）叫ばざるをえなかった。

他人の家を焼いてカネを稼ぐなんてやり方が許されるわけがない、動機が邪悪すぎるのだ。許されざる罪なのだ。義をみてせざるは勇なきなりであって、赤猫の一蓮托生にだけはなる訳にはゆかない。娘の為にでもある。いろいろなものを失うであろうし、失いつつあるが、男五十四才にして一番大切なものを守り切れたし、また貴重なものも得ることが出来たような気がする。

そして、私のことにも触れて次のようにいっている。

私の勇気を鼓舞する一因として君の存在があったことは間違いのない事実である。同じ校舎から右と左の泣き別れの様な人生を歩むことになったが、そして自分は薬で失敗した時期もあったが、最后には、君から軽蔑されるような行動はとれない、どこかの部分で友人として誇りを持って貰える安心できる人間でありたい、と心で努力していたのである。

これは、検事が眼にすることを予定している文章であるから、私とてそれを字面《じづら》通りに受け取ってはいない。いや、ひょっとして、出所してからの自死を彼がすでに強く予感していたのだとしたら、これは本気の文章であったのかもしれない。いわゆる「恥の文化」に殉じて、不名誉のレッテルが自分に貼られることを恐れていたのかもしれない。いずれにせよ私は、海野のような（物理的な意味での）修羅場にいたことはないものの、彼の任侠精神が少しはわかるのである。

説明の便宜として、自分のかかわった事件のことを取り上げてみると、たとえば、若いとき、三つの裁判で被告人になって私はむしろ安堵を覚えた。何の展望もない「運動《ムーブメント》」において指導者の端くれとして活動した以上、重い制裁が自分に科されてほしいと思ったからだ。また東大を辞めてから東大との喧嘩を（三か月に限定して）公にやったのは、形式的には私の責任ということで進んだ人事問題のなかで、何人かの人間が外見的には（不当に）傷つけられたという事態を見過ごしにしたままで、東大に残ったり沈黙したりしているのでは、卑怯者と謗《そし》られて当然と考えたからであった。その他あれこれ、「恥の文化」が、つまり世間の道徳に背を向けっ放しではおれぬという規範感覚が、私の行動を律していたことは否定できないところなのである。

私のいいたいのは、仁義という公的な価値を表現するために私的な欲求や不安を抑えなければならない人生の局面もあるということである。ただし仁義の表現は、三島由紀夫の（自裁に当たっての）檄文がその見本であるように、えてして紋切型となる。で、口さがない徒輩が本当の動機とやらを探して、その人の私心をほじくり返そうとする。

もちろん、行為の動機が私利私欲のうちに隠されている可能性はつねにある。しかし仁義とて、外部のイデオロギーがその人の内部に押し入るというふうにしてできたものばかりとは限らない。むしろ、その人に内発する価値への欲求が仁義の基礎をなす、とみなければならない。そうなら、仁義はそれ自身のコースを辿ってたとえば任侠道に結実することもある、とみてよいのである。

しかし任侠道が廃れてからすでに久しい。そんなことは海野のよく承知しているところであった。それなのに、なぜ海野はドン・キホーテよろしく男の面子とやらにこだわったのであろうか。——ドン・キホーテという偉大な人物をからかいの対象としてきた知識人たちの無知については、ここでは問わない――。その原因を彼の仁義心に求めてみれば、二つのことが考えられる。

一つは、彼が「娘の為に」といっている件りである。彼は自分の生き方にだって、「ギリシャの四徳」でいえば、「正義と勇気」が、さらにいえば「思慮と節度」がなかったわけではないのだと、後生の誰かに、さしあたりは自分の娘に、伝えたかったのだ。

二つは（豊平川の橋の下でピストル自殺した）落合という男のことである。彼は、（「内地」のY組やS会やK組といった）いくつかの巨大な組が札幌を草刈り場としていく過程での敗残兵なのだ。実際、赤猫事件が発覚する前年、つまり平成二年には、私の両親と同じく夕張郡長沼村出身の、獄中で三十年間を過ごしたという大親分が殺されたことを切っ掛けにして、いわゆる札幌戦争（があわや勃発）という事件があり、巨大組織の幹部たちが次々と札幌に乗り込む事態となった。つまり、それが「草刈り」の最終局面であったとみられるのである。地元八九三としての心意気を示さなければ、ある思想家の科白でいえば、自分たちは「牧場《まきば》で草を食む羊群の幸福」を旨として一生を終えることになる、と海野は周囲に警告したかったのではないか。

ただしこれについては、組に残される部下のことを案じてのことか、手記のなかではほとんど言及がなく、「自分が交通事故で瀕死の状態にあったあいだに、自分の部下たちが使われた」とだけ書かれている。使ったのは誰か、東京からやってきた巨大組織の者であるとみてさしつかえないであろう。彼は、自分の所属する組の事務所にピストルを撃ち込んだことを（彼の好みである大仰な表現で）「鉛の告発」とよんでいるが、告発の対象が東京流のアウトローであると見当をつけてさしつかえあるまい。

そこまで話がくると、海野が私心において東京流に一泡吹かしたいと念じたということが決定的だったのであって、赤猫退治という道義はそれへの偽装にすぎなかったという推論も成り立ちうる。しかし、仮にそうだったとしても、死を賭した偽装だったのであってみれば、そう軽いものではなかったのは確かなのだ。

彼の私心をさらに探ってみれば、彼が「火事」ということそのものに少しばかり桁外れの関心を抱いていることに気づく。彼が（昭和二十九年、高校入学のころ）、薄野の火事の第一発見者であり――また近所の人々の荷物の運び出しに尽力したということもあって――警察から表彰されたことはすでに述べた。そして私たち家族が昭和五十一年に海野宅を訪れた直後に、そのマンションが火事になり、消防士の失態を叱りつけるというようなことをやったあとで、娘を抱えて梯子車を降りる彼の姿がテレビに大写しになったそうである。その模様が（刑務所からの手記に、赤猫退治とは何の関係がないにもかかわらず）長々と描写されている。それればかりか、彼の人生の記憶の出発点に、たぶん七歳のころのことなのであろう、「札幌の大火を遠方から眺めていた」という事実があるのである。

ひょっとしてそれらは、彼にとって、公的な社会に自分が出現したのを記念する最も華々しい瞬間だったのであろうか。火事は、というより火事と闘うことが、彼にあって、いわば神聖なものであり、それで自分の恩人であった者の家への放火をことのほか許せなかったのであろうか。彼の潜在意識に、ひょっとして、そういう因果があったかもしれないと疑いたくなるほどに、彼は自分の火事体験にこだわっている。

万が一そうだったのだとしても、それは彼の善良さの証しなのだと私は思う。社会から賞讃されることがあまりに少なく、自分への例外的な賞讃であった私の「不良少年U君」を後生大事にといった様子で抱えていたのが海野である。そんな彼にとって、その何度かの火事体験は、自分にだってその勇気のゆえに社会の脚光をあびる瞬間があったのだと思われたという意味で、大いに貴重だったのではないか。

だが、私心の内実がどうであれ、彼の示した（八九三としての）仁義にはそれなりの根拠がある。私がここで確認したいのは、自分の人生をどう締め括るかとなると、自分の仁義を表現することがどうしても必要になるということだ。つまり、ある思想家のいった「人間は価値にのみ本格的な関心を持つ奇妙な動物だ」という科白は真実なのであり、そしてほかの思想家のいった「現代は人間の価値判断能力が衰退する時代だ」という科白も真実だということである。この赤猫退治は、地方都市のアウトローの小さな世界の内部抗争にあってすら、この真実が剝き出しにされざるをえないということを物語っている。

海野の赤猫退治は失敗したようである。物証を重んじる現代の裁判では、彼の証言は単なる伝聞の一つとして片づけられるほかなかった。「鉛の告発」は彼自身を牢獄に五年間繫ぐのに役立っただけといってよい。しかしその帰結もまた彼の予想の範囲内であったに違いない。海野にとって大事であったのは、男の意気を示し男の面子を張って、滅びることだったのであろう。

「男」とは何か、考えてみれば難しい問題ではある。マッチョイストだけが「男」について不動のイメージを持っているにすぎない、とからかうことも可能である。しかし彼にはそんなことについて詳しく考究する習慣はなかったのだ。「男」とは何かと思索することで「男」としての責任を回避するという知識人にありがちのやり方も、彼の習慣には入っていなかった。また、赤猫が許されざる振舞いであることがあまりにも明瞭であったので、この場合は、男とは何かなどと自問してみる必要もなかったのである。

結局、「鉛の告発」は彼自身への弔鐘となった。それでよかったのである。彼は自分が滅びることを予感していたどころか、「薬」で自分の生命体が滅びの寸前までいって以来、八九三としてはすでに滅びたことを実感していたのではないか。過去の実績と持ち前の聡明さで薄野では一頭地を抜く存在でありつづけたのではあろうが、自分のうちに煮え滾《たぎ》るものをとうに感じなくなっていた、それが彼の四十歳以降ということではなかったのか。私の遠方からの励ましがやけに嬉しかったのも、同窓会への出席をずいぶん晴れがましく感じたのも、八九三としての心理的空洞に過去の思い出が木霊《こだま》しただけのことではなかったのかと思う。

大方の人間の人生にあっても、自分は過去の鎖に繋がれて踊っているにすぎないと自覚されはじめる、それが不惑ということなのかもしれない。私にしても、保守思想しか自分の気持ちを鎮めてくれないと曇りなくわかったのは不惑からであった。過去の鎖を強く触感してしまうのは、いわば生の躍動力を失うことではある。そうなるにつれ、ある思想家のいったように「変化によって失うものは確実だが、変化によって得られるものは不確実である」ことを理解するようになる。

もちろん、この変化への警戒はかならずしもその人の生を不活発にするわけではない。たとえば、公認の職業や家族が手許にある場合、それをめぐる社交のなかで自分の言葉遣いを少しずつ成熟させるよう努力する、というようなやり方で保守の気分が退嬰に陥るのを多少は防ぐことができる。しかし海野の場合、それが絶望的に困難であったのだ。社交の言葉は八九三の辞書には載っていないのである。

結構の地位が与えられるなら、ひょっとして、それに付随する座り心地のよい椅子を撫でさすっていることで、まあまあの満悦が得られるものなのかもしれない。しかし海野の場合、東京者《もん》が組を牛耳っていたのであろうから、その地位とて宛てがい扶持として配られたものにすぎなかったのではないか。それを敏感に感じるのが八九三の面子というものだと彼はよく弁《わきま》えていたはずである。

そんな処世術の話はともかくとして、我々の世代にあって不惑以降の十五年ばかりは、要するに、社会のバブリング（泡立ち）をみなければならない時期であったのだ。経済がぶつぶつと泡立ち、ついには沸騰したということだけではない。日本国民の道義が私欲の渦に飲み込まれ、日本国民の共同体が私欲の奔流に押し流され、日本国民の言説が私欲の熱気で煽り立てられていったのである。

そうした世相に馴染むということは、自分に絡みついていた過去の（記憶の）鎖が錆びて崩れていくのを容認するということである。だがそれは自分が自由になったということであろうか。そういっても構わないが、制限を失うということは自分が存在する理由を見失うということなのだ。彼は、私もそうなのだが、そんな自由を欲しいとは思わなかったのであるから、そんな世相に取り残されていくのもまた必定であった。刑務所からの手記によると、「鉛の告発」に向かう三十分前、薄野をゆっくりと眺めながら、次のような感懐を持ったという。

薄野の夜はいつもと変わりなく、ネオンに輝き、不夜城を誇るように雑踏していた。私には見慣れた光景だが、もう一度眼に焼きつけて来た。昭和二十年の終戦の頃の札幌の人口は約三十万人であった。それから五十年近くも過ぎ、今の札幌の人口は百七十万人を越しているのだ。日本の文化も果てしなく栄えてきてはいるが、そして何不自由のない豊かな生活を日本人は享受しているが、文化果つるところは果たして何処なのであろうか、また何時なのであろうか。

私の語法では、この文章における文化という言葉は文明におきかえられる。つまり単に技術進歩の成果を貪るにすぎなく、また金銭と情報の回転速度の増大を誇るにすぎないような国民の精神状態は「文化なき文明」にすぎない。いや、現代のカルチャー（文化）は、精神のカルティヴェーション（耕作）というよりも、精神をカルト（邪教）と化す所業であるとみれば、海野の語法でよいのかもしれない。いずれにせよ、彼が五年後に刑務所を出てきた折には、海野の問うた「何処」は当の札幌であると判明していた。その「何時」もまさしく現在只今であること明白であった。

それからの七年間、薄野には閑古鳥が鳴きつづけている。北海道拓殖銀行は潰れ、北海道の失業率の高さも沖縄のを超えて日本一となり、そして今、地方分権の名による地方切り捨ての最大の被害地域は北海道だということになっている。その証拠に薄野では、あたかも都市が滅びるときに鼠の大群が街路を走り回るのにも似て、いささか薄汚い格好の若者たちが数を増してきている。彼らにたいして安っぽい飲食が供されはじめてもいる。東京者《もん》とそれに迎合する者たちとで作った札幌文明が滅びの坂をゆっくりと転がっているのである。

死ぬしかない、死ぬのは恐くない、そういうことだ

組の事務所に銃弾を放つというのは、いわば「告発の儀式」である。その儀式をやることによって、海野《うみの》治夫《はるお》はみずからをアウトローの世界のアウトローならしめる、つまり自分は無頼の世界の無頼になるのだ、と心に決めたわけだ。この「生存の場」の自己破壊とでもいうべきものを決行するときの気分を、海野は（刑務所からの手記で）次のように語っている。

事故の後遺症に悩む妻と二十才のまだ若い娘との別離は、「鉛の告発をしっかりとやってみせる」という覚悟とは裏腹に、胸に厳しく応えた。その別離の辛さが分かっていたから、決行前日の昼に、妻が病院に行っている間に、紙袋の中に下着を入れて家を出て、薄野のホテルに宿泊することにしたのである。

その翌夜、バー・トリノで平山さんたちに然り気なく別れの挨拶をし、それから三十分後、たぶん深夜だったのであろう、組の二か所の事務所に銃弾を撃ち込んだ。きわめて落ち着いた気持ちで行動したようである。

拳銃の黒く光る冷たさも、ずっしりと重い手応えも、今でもその感触が手にはっきりと残っている。引き金を引く時も冷静そのものだった。暴虎馮河の心境ではなかった。

暴虎馮河とは「虎を素手で叩き、黄河を歩いて渡る」との意味だ。そんな表現をつかうのが海野のいかにも八九三風の好みなのだが、深夜の単独発砲がそう派手なものであるわけがない。ただし、その冷静さにもかかわらず、拳銃の性能があまりよくなかったことには気づかず、地揚げを依頼した(と思われる)企業への三番めの襲撃はうまくいかなかったようだ。それは日本のアウトローが殺傷機器を使うことに慣れていないことの現れなのであろうが、彼の行為はそもそもが儀式なのであるから、拳銃の性能などはさほどこだわるべきことではないともいえる。また告発の主たる対象は任侠を忘れた暴力団ということであったのだから、彼もこの失敗については恬澹《てんたん》として、その企業を再び襲うのは諦めたようである。

そんな齟齬もあってのことか、その夜は警察には出頭しなかった。その翌夜、(「大恩人」の)居酒屋「小桜」――その一帯は放火のせいで空き地となっている――の近所にあるスナック・Mに海野は立ち寄っている。

懐かしいスナック・Mに最后の別れをそれとなく言いに寄って、ママとビールなどを飲んで色々と話をしてきた。その時たまたま私の持っていたカバンの中に、君の著の文庫本が入っていた。美人の面影を残しているママと二人で「不良少年U君」の頁をめくって読んだりして、帰りに別れの記念としてその文庫本をママに進呈して来たのであった。ママが会話の中で、高校時代の私の勉強をしていた姿が瞼の奥に焼きついている、と言ってくれたことへのお返しの意味でもあった。どうやら事情を察しているらしいママは、泪を流して私を見送ってくれた。

その足で彼は警察に出頭した。まもなくそのスナックに、警察が事情聴取にやってきて、「不良少年U君」の文章を検事が知ることとなったようだ。そうなるように海野が計算してきたのであろうが、そんなことはどうでもよい。当方としては、親友の告発行に連れ添ったような感じで、少々照れ臭くはあるが、どちらかといえばよい気分である。

それからの五年間、私は時々に海野のことを考えたはずだ。しかし考えがまとまらなかったのだと思う。私の場合、ごく若いころに警察の留置所に二回で計三週間ほど、そして拘置所の独房にも二回で、最初は一か月、次は五か月ばかりいたことがあるだけで、またそのうちの半分以上は、書物や筆記用具の差し入れが許されていなかった——当時の監獄法は今より厳しかった——こともあり、獄中ではただぼんやりと過ごしていた。いや、「格子窓から空見れば、あの星あたりは女《スケ》の宿《やさ》」などと口遊《ずさ》んでいるのを看守に聞き咎められて、「歌をうたうなあ」と怒鳴られたりしていた。そういう自分の体験がまず甦ってきてしまって、他人の刑務所暮らしを、しかも長期間のそれを、具体的に思い浮かべることができないのである。

それにそのころの私は、テレビに最低で月一回は出るというような評論家生活に入っていた。テレビでの発言が、好評か悪評かはともかくとして、少々の評判をよぶことになり、経済のバブルもまだはじけ切っていなかったので、しょっちゅう講演旅行に出かけていたのである。また月刊オピニオン誌「発言者」を自分で発行するという暴虎馮河もやってしまったので、多忙にかまけて故郷のことを想うこともしなくなっていた。

いや、想う前に赴いていた。その雑誌とのつながりで東京のみならず札幌にも「発言者塾」を作ることになり、少なくとも二か月に一度は札幌を訪れていたわけだ。そのつど、電車が（札幌駅の東隣りの）苗穂を通るとき、そうか海野はここの刑務所にいるのだな、彼は今ごろどうしているのかと少しは思いはしたのである。しかしその想念も、急行電車が苗穂駅をさっさと通り過ぎれば、おのずと消失していく体のものにすぎなかった。情け無いかな、次々とやってくる人生上の課題に土龍《もぐら》叩きで対応していたということである。

いや、我らのオッド・カップルは、つまり「奇妙な二人組」は、「少年時代の記憶の共有」という一点においてのみ成り立っているのだという判断が私にはあった。必要以上の付き合いは、ましてや老年に差しかかってそんなことをするのは、彼我の立場があまりに隔たっているので、かえってカップルを壊すことになると私は考えていた。彼に面会すべく刑務所に赴くとか、彼の妻子を励ましにいく、というようなことをしなかったのはそのためである。彼のほうとて同じようなことを感じているに違いない、と思ってもいた。

五年が経った。札幌発言者塾に顔を出したら、トリノの平山さんからの伝言があった。

海野さんが出所してきました。「もし西部君が自分と会ってもさしつかえないというのなら」、今晩、時間はどんなに晩くてもよいが、会ってもらえれば嬉しいといっています。

やけに丁重な誘いで、海野がそんなに遠慮する必要などありはしないのに、と思った。ともかく五年ぶりの再会を私が断るはずもなく、（あとで調べてみたら）平成九年の十一月五日、夜九時ころであったろうか、トリノに向かった。平山さんは体調を崩したのであろう、不在であった。ほかに客はおらず、静まり返った店のカウンターに二人は座った。

私は「御苦労さんでした」、彼は「いや、心配かけて」とそれぞれ型通りに言葉を発し、そして一時間ばかり雑談した。たとえば、すでに触れたことだが、彼は「修学旅行」に私が参加しなかった理由を問い、それが自分への気遣いのためだったのであろうと思っている彼の気持ちを察して、私は、そうだ、と返事していた。私のほうは「手記」をそのうち何とかすると申し出て、彼はそんな気遣いはもう要らない、と応じた。そんなやりとりが続いたのである。

彼は、いったいどうしたのかと思うほどに、物静かな風情であった。思い返せばのことだが、穏やかというよりも寂し気であり、哀し気ですらあった。とくに、北海道新聞のマイクロフィルムから取り出したのであろう、「朴汝信処刑さる」という（敗戦の翌々年の）小さな古い記事のコピーを黙って私にみせてくれたとき、彼の表情には精気というものがまったく感じられなかった。顔色も、紙のように白味がかって、透き徹っていた。だがそのときの私には、海野が「自分は父親と同じく処刑されるただし自分自身の手で」と覚悟していることまでは気づかなかった。「ムショ暮らし」のせいでそういう顔色になったのであろう、としか思っていなかった。
会話が途切れたので「カラオケでもやってみようか」と私がいい、彼は「カラオケか、十五年ぶりかもしれないなあ」とのことであった。私は、彼の状況を勝手に慮《おもんばか》って、「網走番外地」を選んだ。その四番の「追われ、追われこの身を、故里で、庇ってくれたかわいい娘《こ》、かけてやりたや優言葉《やさ》、今の俺《おいら》じゃままならぬ」という歌詞を唄ってやりたかったからだ。唄い終わってから、「〃義理と人情を秤《はかり》にかけりゃ、義理が重たい男の世界〃という歌の文句もあるけれど、義理と人情は、秤にかけてみなければわからないほど、ほとんど似たような重さだということだろうね」と私はいった。彼は「うん、五・一対四・九の僅かな差なんだ」と応じた。
そういってから彼は、じゃ人情でいくかとぼそっといってから、私が初めて聞く演歌を──彼が歌うのを聞くのも初めてであったのだが──甘く切なく女を思うといった調子のものを、玄人裸足《くろうとはだし》の上手《うま》さで歌い上げた。彼がそれを妻や娘への別れの辞として唄ったのであろうと気づいたのは、後日のことである。ともかくカラオケは我らの気分を一向に盛り上げてくれず、暫しの沈黙がやってきたあと、彼は俯いた姿勢で静かにいった。

君は、今、何を考えているんだい。

私は即座に、ごくあっさりと答えた。その三年ほど前に『死生論』というものを出してから、「自死の思想」のことばかりが頭を巡っていた。東京でも、酒場であれ家庭であれ、そのことばかりを私が口にするので、周囲から少し気味悪がられていた時期でもあった。ともかく私は次のようにいってしまったのである。

公にやることがなくなったら、そしてそれ以上生きていたら周りに迷惑をしかけないということになったら、自分で死ぬしかないと考えている。

彼のほうもすぐ、私と同じくあっさりと反応した。

そういうことだよな。

互いに、普段から繰り返し考えていることをぽつんと口に出すといった調子の会話であった。人生哲学を報告し合っているのだなと確認しつつ、続けて私は、（その三年前に亡くなった）自分の尊敬する日本の（ほとんど唯一の）戦後思想家の病床に最後に御見舞にいったときのことを話し、その人の最後の言葉を紹介した。「死ぬってことは大して恐いことじゃないんだよ。……そうか君の死生観が発表されるのか。それは是非読んでみたいが、そのころは僕はもう読めなくなっているだろうねえ」。それにたいしても海野は、ふたたび静かな口調で、応じた。

そういうことだ、本当に死ぬ気なら、そう恐いもんじゃない。

私がそんなことをいったについては、「死については俺も真剣に考えているんだ、君ばかりじゃないんだから、あまり孤独に籠もらないでくれ、もっとゆっくり考えてもいいんじゃないか」という気持ちもあったのである。それどころか、私は心のなかで、口に出そうか出すまいか、迷っていたことがあった。

もう何年も前から、海野が刑務所を出てきたら「拳銃を手に入れたい、秘密厳守でいくから頼む」と申し出ようと考えていたのである。いうまでもないことだが、自死が必要になったときの備えをしておきたかったのである。しかし刑務所を出てまだ幾許《いくばく》も経っていない相手に、それを言い出すのはあまりに失礼だと思って、結局は黙っていた。

別れ際のことはよく覚えていない。彼が疲れていたことを考えると、見送ったのは私のほうかもしれない。また、そのビルのほかの店で塾生たちが私を待っていたはずだから、私が彼に見送られるということではなかったように思う。そういえば、彼がタクシーのなかから、白い顔で、そして珍しくも優し気な、というより気弱な表情で、手を振っていたのを思い出すような気がする。いずれにせよ、それが彼を見た最後であり、自死の構えについて「そういうことだ」と相槌を打ったのが私の聞いた彼の最後の言葉となった。

それからちょうど一週間後に、彼は（ある寺の境内で）焼身自殺した、もしくは（銭函の河口で）投身自殺した。一枚の便箋に書かれた（子分たちへの）遺書のコピーが人伝てで私にみせられたが、それは、例の赤猫事件にかんしてのことなのかどうかすらもはっきりせぬが、ともかく何人かの「組」

の関係者への抗議を簡略に綴るだけの内容であった。海野の子分の誰かが送ってきたそのコピーが我が家のどこかにあるに違いないのだが、まだ発見されていない。さらに、平山さんの話では、海野の奥さんが通夜の席で「あの人は、最後に西部さんと会ったんだから、思い残すことはなかったでしょう」と呟いておられたとのことである。

このようにして海野治夫は私の視界から消えた。中学二年のときに知り合ってから四十五年、ついに彼は逝ってしまった。八九三と知識人というオッド・カップルがついに解散したわけである。

しかし今でも、そのかつての相棒がガソリンをかぶるとき、それに火を放つとき、地面に倒れ伏すとき、そして肉体が酸素を求めて喘ぐとき、彼の意識に何が現象したのか、どうしても考えてしまう。その燃え上がる姿が怒りの表現とみえたのか悲しみのそれだったかについても想ってしまう。あるいは、その重く流れる河を見下ろしているとき、そこへ橋の上から身を投げるとき、そして水中で空気を求めてもがくとき、彼の脳裏を何が掠めたのか、ひょっとして（少年のとき）亡き母を思慕して身投げしようとしたことを思い起こしていたのであろうか、そんなことについて如何ともし難く考えてしまう。その暗い流れのなかで見開かれた両眼が喩えようもなく深い絶望に満ちていたのではないかとも察してしまう。

しかし考えても詮ないことなので、そういう思考も想像も中断させることにしている。ただ、海野の姿はもう絶対にみることはできないのに、その手記だけは、もう十三年にわたって、私の手許にある。それがあるかぎり、海野は私の身近にいるといった気分なのである。

私にとって彼との付き合いは三つの意味で試練であった。一つに、「経験にもとづく安定した感情」

こそが確かな論理の出発する地点だとすると、八九三の友人の経験にも一定の敬意を払わなければならなかった。二つに、どんな表現にも「決断の要素」が孕まれているからには、決断にことのほか重きをおく八九三の生活に一定の関心を寄せるべきだと思われた。三つに、「想像力のはたらき」があってこそ歴史を知りうるのである以上、八九三のことについて想像してみるのは、自己の精神鍛錬に一定の効果を持つと考えられた。当方としては、おおよそそんな理屈づけで続けられていたオッド・カップルは、海野の手記のなかでは、まだ存命しているのである。

二十代の八九三出入りのため親指のまったく動かなくなった右手で、それにもかかわらずみごとな達筆で、書き記されたその文章には、激情の迸《ほとばし》る部分もあるし絶望に打ち拉《ひし》がれている部分もある。文体にも精緻な部分もあるし乱雑な部分もある。繰り返しも多いし、出来事の並べ方が相前後してもいる。しかし全体としては、それは、自分の過ぎ去った時間へのやるせない追憶であり、今は亡き肉親への胸塞がる鎮魂である。

それを書く途中で彼は、いくたびか涙したことであろう。あとで知ったのだが、自分の子分たちに酒場でその手記を読ませて、子分たちがその内容をよく理解できないでいるにもかかわらず、一人で勝手に泣いていたともいう。彼が涙を拭っている様子を思いやると、私もつい涙に誘われそうになる。自分のことならいざ知らず、他人の、しかもその肉親の不遇について想像するのはかなりに辛いことだからである。

つまり半チョッパリとよばれた一人の男が、時代の石臼に碾《ひ》かれて八九三に成り果て、その挙げ句にアウトローの世界にもローがなければならぬと主張してその世界からアウトローされ、ついには過去の記憶だけをひしと抱懐して北辺の地に独りで佇《たたず》むほかなくなった。自分の不遇をさらに深めるような生き方をして、というよりそうした生き方を選ぶのやむなきに至り、命のほかのすべてを喪い、そしてその命を削って手記を綴ってみた結果、彼の両眼が焦点を結ぶところにくっきりと浮かんできたのは、自分の父母そして姉兄たちの不遇の姿ときている。

彼らの骨のすべてを集め、みんな一緒の墓のなかで仲良く暮らそうと、たぶん涙ながらにこの末子はよびかけてはみたであろう。しかし、死者からの応答があるわけもなかった。彼にできたのは、自分の追憶が真剣なものであり、自分の鎮魂も真摯なものであったことを証すために、自分の人生を浄化することであったのだろうか。追憶するのが惰性となり鎮魂するのが惰性となるのを避けるべく、自分の命を断つことだったのであろうか。

ニヒリズムへの最後の防波堤は自死である、ということをいわんとした自分のあの（彼の自死の一週間前の）言葉が彼に引導を渡した、などと思うほど私は傲慢ではない。彼のあの物腰は、少なくみても、九割九分まで、自死の決意を固めた者のそれであった。また、あのときそれをはっきりと認識していれば、私は、「海野、止せ、奥さんとお嬢さんのために生きろ」といって彼の肩をつかんでやったのであろうか。五・一対四・九で、私は黙って彼を見送るほうを選んだであろう、いろいろ想像したがやはりそうしたであろうと思う。

そもそも、奥さんとお嬢さんに自分がサムワンつまり一廉《ひとかど》の人物であったことを知らせるために、彼は死ぬのであった。それに、自分の見込んだ人間が重大な決断をしたとき、それに異を唱えないのが私の流儀でもある。そんなことをするのは、その人の人格を疑っていることに等しいからだ。また、彼は他人の容喙（ようかい）できぬ心の深淵を抱えていることが私にはみえていた。孤独の深さも人間関係のもつれも私のとらえ切れぬ種類のものであり、だから彼の生死の選択について私の口出しできるところはあまりに少なかったのである。

それにしても、自死の決意をすでになした者の前で「自死の思想」の意義について喋るというのは、何という勘の悪さかと恥ずかしくなる。彼が自死するであろうことは強く予感していたが、まさか刑務所を出てすぐにとは思っていなかったのである。彼の奥さんとお嬢さんに会うことになったら、それについては謝ろうと思う。

生活保護で生き長らえるか自裁で死に絶えるか、という二者択一が彼に迫られていたのかどうか、そんな具体的なことについては私は何も知らない。ともかく、恥辱を忍んで生きるか名誉を守って死ぬか、という限界状況に彼は直面していた。そういう状況をみずからの意図で招き寄せたのである。

海野治夫において特殊に先鋭な形をとって現れたこの限界状況は、事の本質としていえば、あらゆる人間にいずれは訪れる事態でもある。つまり生命に執着すれば他人に、しかも自分の大事と思う人々に、迷惑をかけ、そのことがおのれの名誉を毀損《きそん》するという状態がほぼかならずやってくるのだ。

大概の人はそのことにあらかじめ気づくには鈍感すぎる。あるいはたとえ気づいていても、臆病すぎるので、気づかぬ振りをする。たとえば生き残る者はいう、死に逝く者への介護において迷惑を受けても介護しないことの後ろめたさよりはよいと。死に逝く者が生き長らえてくれれば、両者のあいだに忘れえぬ意思疎通が生じることもあるのだともいう。そういう場合がないとはいわない。しかし、程良いときに死んでくれて本当に有り難う、と思う大きな可能性が生き残る者のがわにはあるのだ。

そのことを隠すような物言いには偽善の臭いが漂う。

またたとえば死に逝く者はいう、自分の死後に自分がどう思われるかについて考えても為様がない、とりあえず自然死までは生き長らえようと。しかしこれも愚かしい意見である。もし将来において延命のために不義をなすのだとすると、そんなことをなす者が現在において義をいくら述べたとて、やがて、生き残る者たちから疑われるのは必定だ。そうであろうと今から見当がつく。そうなれば、義なんかありはしないと生き残る者に伝える、という意味でのニヒリズムに身を浸すこと請け合いである。

こうした偽善や虚無をあらかじめ峻拒するのが任侠道である。より広くいって、メメント・モリつまり「死を想え」の思想は、死という名の無を超克せんがためのものである。ある文化論者が、武士道のことなどに触れていってくれている、「死ぬことを定められたすべてのものを虚無だと言い捨てるニヒリズムの遺恨の根を枯らすこと、この険しい、だが希望にあふれた道を歩む我々を、日本が、日本こそが、その歴史の最も奥深い場所からやってきて、励まし、力づけてくれるのである」。ここで「ニヒリズムの根を枯らす」ものとしての「希望にあふれた道」というのは、ほかでもない、自死の思想のことだ。控え目にいっても生命が最高の価値だとは認めないことである。

我が友海野が職業としての八九三において何をやってきたかは私の知るところではない。ただ、義のために自死しなければならないときもある、という道筋の人生劇場を彼が身をもって演じてくれたことを私は多としたいのである。

彼のかざした義は、宗教の超越や政治の高邁につながろうとするような、拵《こしら》え話ではなかった。俺の恩人の家を焼き払ったのは許さない、というきわめてリアルな義であった。それを嘲《あざけ》ってしまったら、形而上学に救いを求めて神や仏を、本当は信じてもいないのに、持ち出さなければならなくなる。あるいは、もっと悪いことに、生きることも死ぬことも無意味だといいつのりつつ、ただ死ぬまでだらだらと生きて、人生は死ぬまでの暇つぶしなどと斜に構えて、退屈というこの世の最大の苦痛に苛まれることになる。

海野の自死について残る論点は、死に方についてだけだ。しかしこれについてとて、焼身自殺だったのだとすれば、それは抗議の意志が五・一、そして絶望の確認が四・九ということであろう。そして、もし投身自殺だったのだとしても、絶望の確認が五・一、そして抗議の意志が四・九ということなのであろう。つまり、海野にあって抗議と絶望がほぼ拮抗していたということである。彼の気持ちがほんの少し抗議に傾けば、そのぶんだけ焼身のほうに近づき、逆に絶望の比重がほんの少し大きくなれば、それだけ投身のほうに寄るということだったのではないか。

いずれにせよ、任侠道を捨てつつある現代のアウトローたちに抗議するとともに、自分の人生にもう何の望みも残されていないことを腹の底から確認する、それが彼の死の間際における心境であったに違いない。任侠への願望をすら失ったらアウトローをやっている甲斐がない、そしてたった独りの任侠者には生きていく望みは奪われていると素早く判断する、という良識を彼は守ったのである。

任侠の建て前に彼が本心においてどこまでコミットしていたか、私には定かではない。それ以上に重要なのは、彼が建て前はそれ自体としてつらぬかれなければならないとみなしたことである。たとえ自死という行為が儀式に終わるのだとしても、ローであれアウトローであれ、なべて儀式の体系なのであるから、問われるべきは、彼の自死が儀式として完遂されたかどうかということだけであろう。海野の抗議の意志には、ある半チョッパリ（と蔑称された）家族に不遇をひたすらに強いた時代への抗議も含まれていたことは確かだ。しかしそれは、彼の場合にあっては、どちらかといえば私憤に属することであるから、「鉛の告発」の対象にはなっていない。彼は、ただ「赤猫」が許されるような、つまり放火が罷り通るような社会には見切りをつけた、またそんな社会に自分の生きていく場所があるわけがない、とだけ公言したのである。

最後に残念ながら確認せざるをえないことが一つある。彼の抗議はほとんど誰の心にも届かなかった。ある一人の老八九三がどこぞの寺で、あるいはどこかの河口で、訳の定かならぬ自死を行っただけのこととみなされて、海野の死の選択は地元新聞の片隅にも載らなかった。地元テレビもそれについて一秒間も報じなかったという。官憲も「赤猫」についてはみてみぬ振りをすることにした。葬儀も、組の関係者たちによって型通りにすみやかに行われた。同級生も同窓生も、「暴力団に逆らう八九三」ということが何を意味するか、理解しようともしなかった。

彼の演じた儀式には、私のような例外者はいるものの、ほとんど観客がいなかったということである。そしてじきに、海野治夫のことは、アウトローの元関係者たちからすら忘れ去られた。そうであるに決まっている、彼らは日々の「しのぎ」に、つまり暮らしの糧を手に入れることに懸命なのである。これで任侠道は、それへの志操すらが、少なくとも札幌にあっては、闇に没したということなのであろう。

せめて高校時代からの親友である私が、この浮浪児から秀才へ、八九三行動隊長から麻薬中毒者へ、そして八九三幹部から自死者への人生経路を辿った一人の日朝混血者の肖像を刻んでやらねば、その一生から多くの示唆を受けた者としての義理が立たない、また二人のあいだで往き来した人情にも停泊地を作ってやらねばならない。そう考えて筆を執り海野と私の関係を振り返ってみた次第である。

ここまで書いてきて、あらためて思うことがある。それは、「人」について「論」を巡らすとき、その人の感情の核心がどうなっているかを正しく洞察しなければならないということだ。そうしないような論は、その人の言動の表面で観察された事象を整理するだけのことに終わってしまう。その愚を避けたいと考えて、これまで、海野治夫との交際における感情のやりとりを、できるだけ綿密に思い起こし見詰め直すよう努めてきた。海野の一つひとつの言動にどんな感覚が込められていたのか、嗅ぎ分けたいと思ったわけだ。

しかし、いくらそうしてみても、隔靴搔痒の感が残る。彼の感情の核心を把握した気分にひとまずなれはする。しかし、奥深い感情が彼の言動のどの局面にどう現象していたのか、それをうまく表現できないというもどかしさがつきまとうのである。

それもそのはず、人間の感情の核心は、ずいぶん幼いときに形成される。自分の感情についてならば、幼いときの記憶をほじくり返すことによって、核心の何たるかを表現できそうな気もする。しかし、他人の幼少期の感情には想像の及ばぬところがある。その人がたとえ自分の記憶に（手記のような形で）言葉を与えてくれていたとしても、その言葉の奥や裏にどんな感情がわだかまっていたものやら、窺い知れぬものがあるのである。そればかりではない。他人の記憶を仮に存分に覗きみることができたとしても、はたして、みえてきたものをどう言葉に表してよいものやら、方法に窮するのである。

この困惑は文体《スタイル》の問題にかかわっている。つまり、心理の内奥で蠢《うごめ》いたり静止したり、上昇したり沈澱したり、蒸発したり凝固したりしている（幼少期の体験にかかわる）感情を取り出そうとする場合、海野治夫のことを「彼」とよぶような客観的なやり方では駄目なのではないか。海野のことを彼とよび、この文章の作者を「私」とよぶ、そんな方法では海野の感情の核心に迫れない。なぜといって、海野のことをそのように客観視すれば、彼の挙措を「理屈」によって整理する傾きが強くならざるをえないからである。人の幼少期の感情には、一筋縄の理屈では括れない複雑さが多分にあるのだ。理屈の通らぬ話を嫌う点において人後に落ちぬ私ではあるが、理屈が勝りすぎる話も聞いちゃおれぬとも思うのである。

第一人称で海野の感情を追ってみる必要があるのではないか。つまり、私が海野治夫になりかわって、たとえば私がその母親と一緒に行商しているつもりで、海野の幼少期の記憶を語るということである。第一人称の境地に立てば、彼の記憶が自分に乗り移ってきたかのようにみなすことができる。そうなれば、主として感情的な記憶を、理屈の枠組に縛られずに、かなり自在に語ることも可能になるであろう。

しかし、海野治夫とて、自分の名を僭称する者によって、自分の記憶を勝手に裁断されるのは嫌であろう。だから、彼には黄泉《よみ》から戻ってもらわなければならない。その甦《よみが》えり人《びと》の語りという形で、つまり海野の独白文（を私が書く）という方式で、海野のとくに幼少期の感情を描出してみたいのである。

さいわいにも彼の手記の半分近くは、幼少期の記憶にかんするものである。そこには、たとえば、彼が母親にたいしてどんな感情で接していたか、いくつもの事実が列挙されている。それらを私なりに解釈し、それらを語るのに甦えり人の海野治夫の口を借りる、そうするのが彼の感情の核心を再現するのに効果的だと思われる。その核心が明らかになるならば、彼が自分の還暦に当たり、いったいいかなる感情の故郷へとみずからを帰還させたかったのかも、判明するに相違ない。

私には、自分自身について思うことが、とくに還暦を超えたあたりから揺るぎなく思うことがある。第一に「感情の核心は幼少期に創られる」ということはすでに述べたが、第二に「感情の核心が論理の在り方を定める」。論理の出発点をなす「前提」、論理の構成を決める「枠組」そして論理の発展を促す「方向」、これらは論理それ自体からは出てこない。納得できる前提・枠組・方向だけが選び採られるのだが、納得とは、その人の感情の核心と呼応するということなのである。

第三に「繰り返し想起される記憶は、安定した論理によって再表現される」。記憶の反復が可能となるのは、記憶における物事の起承転結がしっかりした論理で繋がれているからなのだ。忘れえない記憶をじっと振り返れば、生のロジックとでもいうべきものがおのずと浮かび上がってくるということである。

以上をまとめて、「幼少期の記憶を分析し、そして分析された諸要素を総合せよ、それが人間の生にかんする表現のすべてだ」といってもよいのではないか。大まかにいってそういうことならば、海野の幼少期についての語りが「海野治夫についての解釈論」のまとめの部分にやってきて、むしろ当然なのである。

私は知ってやってもらいたいのだ、この一人の地方八九三の脳裏に、幼少期においてどんな記憶の音符の数々が刻みつけられ、それがいかなる音楽を奏でて彼を煉獄へと導いていったものかについて。彼がいつも心身の内奥で聞いていた（伝統的な悲哀感の漂う）音楽は、たぶん、我々より上の世代には聞き覚えのあるものに違いない。我々は、生の悲しみを体感した最後の世代なのであろうか。そうかもしれない。我々は滅亡を予告されている珍種の生物なのだという思いが、半ばの悲しみと半ばの誇りを伴って、ますます強まってくる。

もちろん、悲しみのことをいうからといって、我々の世代が、海野治夫にあってすら、楽しみから隔てられていたというのではない。海野の場合でいうと、まず彼が八九三世界に身をおいたのは、たとえ疑似のものとはいえ、そこが家族の場と思われたからである。その疑似家族が彼に何らかの慰安を供給してくれると見込まれたからである。苦しみと楽しみの交錯する場所、それが彼にとっての「組」であったに違いない。

苦しみを覚えていることの悲しみ、といったら心理からついに解き放たれることのなかった海野ではあったが、彼の物言いや面持ちや素振りには一種の明かるさが現れてもいた。つまり昔の北海道人によくみられた気の良さと気っ風の良さと気ばたらきの良さとからくる明朗の感じを彼は持っていた。そのことに触れておかなければ人物評として平衡を失するであろう。

個人的な側面でみれば、彼の明かるさは自分の気持ちを何とか鼓舞するための手段であり、また自分を周囲に受け入れさせるための方法であったろう。そうした明かるい生き方が可能となったのは、母親の文字通りに必死の愛情を受けて育ったことによるのではないか。母にかわいがられたという記憶は人間関係を作る上での自信を男子に与えるものなのである。自分の周囲の人間関係がいかに動いているかを敏感に察知する感受性が、生来、彼に備わってもいたのであろう。そうした才能や経験が「組」に奉仕する力量となり、さらには「組」を指導する責任感となっていったのであろう。

そうした才能や努力が彼の性格に明かるさを付与した。しかし、その才能が発揮されその努力が成果を挙げるに際し、並のものとは思われぬ代償、犠牲あるいは費用を彼は払わなければならなかった。で、自分の人生のシーミーサイド（縫い目のみえる汚れた側面）を自覚することの悲しみが否応もなく頭をもたげる。

もちろん、コモンマンつまり庶民とは、喜びと悲しみのシーソーゲームを生涯にわたって繰り返す人々のことではある。私のいいたいのは、海野治夫が庶民派の代表といった雰囲気を有していたということだ。彼は、アウトローである以上は当たり前のことだが、流行に溺れ世論に靡《なび》くマスマンつまり大衆人ではなかった。そのことだけでも、彼との交際は、大衆人の見本となりつつある凡百の知識人とのそれよりも、はるかに明朗な雰囲気に包まれていると私には思われたのである。

ある思想家がいったように、「死者に自分の墓石で投票してもらう、それが庶民の民主主義なのだ」。つまり、多くの死者たちの経験にもとづく英知、それが生者の精神に染み込んでいるのでなければ、世論も投票も単なるスラップスティック（どたばた）に終わる。海野治夫も、親たちや姉兄たちの聞こえぬ声を、大きな悲しみと小さな喜びの声の両方を、あえて聞こうとした。それは死者たちに自分の骨で投票してもらおうとの企てであったのだから、彼は上等なデモクラットたらんとしていたといえるのではないか。過去の記憶が取り憑いていたせいで、彼は「死者の民主主義」に身を投じようと努めてきたのではないか。その努力の軌跡を彼自身に第一人称で追ってもらおうと思う。

この記憶さえ無かったらなあ

手記を書いてみないかと君にいわれ、最初はそんなことできるもんかいと思った。薄野の八九三生活なんて、他人様に語って面白いものじゃないし、また墓場まで持っていくしかない秘密が多すぎるからね。自分にとってみても、八九三生活に懐かしみを覚えるということなんか一つもないんだ。切った張ったそれ自体は、思い返してみると、怖気《おぞけ》をふるう出来事でしかないんだよ。

でも俺は娘のことを考えてしまった。自分の体験からしても、自分の父親が何者かよくわからんというのはあまり気分のよいものじゃない。この俺はいったいどこをどう辿って今の俺になってきたのか、娘への遺言のつもりで語ってみるか、今がその潮時かな、と思ったわけさ。

それにだ、自分の生きている意味なんてのは、自分の生き方が誰かに何らかの影響を与える、誰かに何かしら引き継がれる、ということによって保証されるもんだからね。自分の娘に多少ともそうしてもらえなければ、他人からそうしてもらえるとは、とてもじゃないが思われん。娘には、妻にたいしてもそうなんだが、不義理の数々をやってきた。少しは罪滅ぼしをせんと、閻魔大王も待っていることだしなあ。

それで、とつおいつ自分の記憶を振り返ってみたんだ。だが、末っ子のせいかね、俺の自意識は全然早熟じゃない、晩成《おくて》もいいところだ。断片的な記憶はいろいろありそうなんだが、どうもおぼろげで、浮かんだと思ったらすぐ消えてしまう。多少ともまとまった最初の記憶といえば、六歳のころなのかねえ、札幌市のかなり北部にあるみすぼらしく、またまばらな住宅街でのことなんだろうが、その路上のあちこちに鍋、釜、薬罐《やかん》が積み上げられていたのを思い出す。敗戦の前年で、各家が金物を供出せねばならんかったわけだ。

そんなもので兵器を作ろうというわけだから勝てるはずのない戦争なんだが、小さな子供にはそんなことはわからん。何か派手なことが起こっている、祭りの山車《だし》が出ている、といった気分だったんだろうなあ。金物が夏の太陽の下でピカピカ光っていた。俺は、やはり、光る金属と縁があったのかね。

そしてあれもその年のことなのかもしれん、十九歳で結婚していた姉の亭主の実家に、母に手を引かれててくてくと歩いていったのを覚えている。野菜でも手に入れようというのが母の目論見だったのかもしれないね。あんなに歩いたについては、何かしら獲物を狙っていたんだろう。姉の亭主は調べてみたら苗穂刑務所の刑務官ということだから、これも俺と縁のある話さ。でも、さらに地図で調べてみたら、俺たち母子は家から二十キロも歩いたことになる。まさかそんなに歩けるはずはないから、途中までバスで行ったんだろうが、何も記憶していない。たぶん眠っていたということだね。

その家のことは覚えている。あれを笹小屋というんだろうな、屋根だけでなく壁も何もかも熊笹で覆われてるんだ。熊笹ってのは「根曲がり竹」のことで、若芽を我々道民は竹の子と称して食べていたわけだ。ともかくその笹小屋には窓ガラスもなくて板戸だけなんだよ。突っ支《か》い棒で上へ押し上げるやつだ。そのときは板戸が上げられていたんで、まるで家の壁に大きな穴が空いているというふうに俺にはみえた。

明治、大正の開拓小屋と同じようなところに住んでいたんだから、その刑務官も貧しく育ったんだろうなあ。また、そのころの刑務所は今以上に忌まわしいところだから、かなり特別の事情にある者しか刑務官にはならなかったのかもしれない。

そういえば、明治の初め、札幌大通りあたりは笹小屋で埋め尽くされていたというではないか。アメリカの視察団がくるというんで、その汚ないものを焼き払ったともいうね。それを御用火事とよんだというんだから、またその跡地が札幌の中心の大通公園になったというんだから、呆れた話だ。いや、政府が強権で介入しなければ都市は出来上がらんということかもしれんね。ともかく、そんな笹小屋が、敗戦の時期、札幌の郊外にはまだ残っていたんだよ。

そしてその日の夕刻、札幌が大火で燃えているのを、遠方から眺めていたのも思い出すなあ。ひょっとしたら玉葱栽培で有名だった丘珠《おかだま》の飛行場が米軍に空襲されていたのかもしれないが、札幌方面の空が真っ赤に染められているんだ。子供心に無気味に感じていたような覚えがある。それが国の崩壊のまぎれもなき印だっていうことまではわからんかったがね。

その男、別の特殊事情も持っていた。つまり、姉と結婚したあと、たった二か月で結核で死んでしまったんだよ。死ぬ前に一度は結婚してみようという算段だったのかもしれん。酷い話ではあるがね。でも、明日死ぬかもしれない多くの兵隊たちが急いで結婚したわけだから、そういうことが当たり前とされていた時代だということだろうなあ。それとも、当時の人々に結核菌への免疫が出来ていなかったんで、病気が急速に進んだんだろうか。

父については、顔も思い出せない。髭面の男に頬ずりされたことがある、という記憶だけを俺に残して、父は樺太に行ってしまって、二度と戻らなかった。日本軍への協力ということで銃殺さ。両手を縛られていたのかどうか、目隠しをされていたのかどうか、何度も想像してみたんだが、しょせん何もわかりはしない。俺自身の顔がそこに浮かんでくるといった始末なのさ。

父が樺太に向かったのは敗戦の前年のことなんだろうね。千人の朝鮮人を率いて飛行場を作るっていうんだから、冬場のはずはない。だが、敗戦の年に入れば、日本軍からの金銭の支払いもその北海道への郵送もままならぬということになったはずだ。そしてそのうちBC級戦犯として処刑された朝鮮人ということだから、母も姉も兄たちも、父が何者かについて俺に一言も教えてくれなかった。ともかく、父がいなくなってから、母が日々の暮らしに苦労しているのを何となく感じていた。

そういえば、敗戦の年の雪融けが終わりかけていたころと思うんだが、千歳の飛行機部品の工場《こうば》で姉が働いており、そこに母と一緒に出かけたことがあるなあ。カネの無心にいったんだろう。工場の裏で母と姉が、相手の肩に互いに手をおいて、二人していつまでも泣いていたのを俺は忘れられない。女は泣くもんだ、という固定観念が俺にこびりついてしまったような気すらするよ。ともかく両方とも一文無しで借金する当てもなかったんだろう。それとも、父親との連絡が途絶え、日本軍の敗色濃しということで、家族の前途を悲観して泣いていたんだろうか。いずれにせよ、女たちとしては泣くしかないやね。

それで母は豚を飼いはじめたんだろうなあ。三、四頭もいたように覚えているから、現金収入を期待してのことと思われる。母が豚と格闘している光景がちらちらと眼に浮かぶ。ただ俺がはっきりと覚えているのは、豚がみんな病気で死んで、母がその死んだ豚を解体し、毎日、毎日、釜で煮ている光景だけなんだ。病気のやつでも食っちゃおうというわけだから、昔の人は豪気だよね。いや、そんなこといっちゃいかんな。みんな必死で生きていたわけだ。

敗戦当日のことは何も記憶にない。半日本人の家族だから、単純な愛国心ではやっていけなかったんだろう。単に自分の味方したほうが負けちゃった、といった気分だったのかねえ。ともかく家族が敗戦の悲しみに打ち拉《ひし》がれているというのはまったく記憶にないんだよ。戦争が終わる前から母が、江別や当別に、往きは行商に、帰りは買い出しにいっていた。江別や当別は石狩川沿いにあるんだが、札幌から日帰りが可能な場所なんだよ。俺もそれについて歩いていたんで、戦争のことに気を配る余裕は、母子して、なかったということもあるかもしれない。

おかしなことに、母が何を売っていたのかさっぱり思い出せないんだ。荷物はリュックサックに入っていたんで俺の眼にはつかなかったということなんだろう。俺が覚えているのは、次々と林を縫って、荷物を背中に担いでどこまでも歩いていく母の後姿だけなんだ。駅前を抜けると、もう畑と林ばっかりで、家はまばらにしかない。寂しい遠足だなあ、というのが子供の視点だったということだよ。

家はもう売り払っていたんで、よく駅に泊まっていた。帰りの汽車賃を稼げなかったのだろうか、農家の納屋に泊まることもあった。俺は甘えん坊だったんで、母にしっかりと抱きついて眠った。母はもう五十歳になろうとしていたから、この末っ子を哀れと思ったんだろうねえ、俺を強く抱いてくれた。その寄る辺ない我々二人の姿を思い出すと、いい齢して恥ずかしいんだが、泣けてくるよ。母の気持ちがわかってくるんだ。さぞかし往く末が不安だったろうと思うと、かわいそうなカアチャン、何も助けてやれなくてゴメン、と声をかけてやりたくなるんだね。

こんなふうにして敗戦とともに一家離散になった。十歳年長の長兄は札幌の薄野あたりでグレていた。五歳年上の次兄はそれまで何をしていたんだか、はっきりしないが、俺の気のついたときには、小さな鉄工場で住み込みで働いていた。それぞれ自分一人が生き抜くのに精一杯で、母と俺に手を貸す余裕はなかったんだね。母も、もう少し若ければいろいろ手立てもあったんだろうが、そのころ五十歳といえば相当の年寄りだから、まあ、生きた心地がしなかったろうなあ。こんな俺を抱えているとなればなおさらだ。俺さえいなければ、死ぬこともできただろうに。

そして母の行商先は道南に変わっていた。今から思うと、自分の姉妹がその方面に稼いでいるんで少しは土地勘があったんだろう。しかし姉妹宅を訪れるということは一度もなかった。自分の姉妹が住んでいる町を遠巻きにして、うろうろと道南一帯をさまよっていたということなんだろうなあ。

彼女は一度は、家族のためとはいえ、娼婦になった身だし、また朝鮮人とのあいだに私生児を生むということは、当時は、罪人も同然だからね。自分の姉妹とも会えんというのは、さぞかし辛いものがあったはずだ。それにもかかわらずあんなところをぐるぐると回っていたんだから、姉妹のことが懐かしかったんだろうね。

そして砂原《さわら》町の網元の家で、母は子づれの女中となった。砂原というのは大沼公園の北がわの駒ガ岳を越えたところで、噴火湾つまり内浦湾に面したところだね。砂原には南部藩の陣屋跡がある。俺の母方は南部藩からやってきた家系なんで、そこに母の知り合いがいたのかもしれんね。母は行商のために魚の干物なんかをそこで仕入れていたんだと思う。

二人は屋根裏で蓆《むしろ》を敷いて寝ていた。階下には、そのつど梯子をとりつけて昇り降りするんだ。相変わらず、俺は母の乳房をまさぐって眠るという有り様だったが、母のほうも黙って俺を抱きしめてくれた。

俺は朝から夕方まで、午前中は一人で、午後は学校から帰ってきた近所の子供たちと一緒に、遊び呆けていた。駒ガ岳が裾野を広げて高く聳えており、前には噴火湾が広がっている。俺にとって、雄大のイメージはそれなんだ。前には広い海、後には大きな山、それ以上に雄大なものはありえない、というのが俺に焼きついたイメージなのさ。実に大雑把なイメージなんだが、俺にはそれで十分なんだ。雄大な景色の前に立つと、生きていてよかったと素朴に感じることができる。身の回りがごみごみしているとそういうことになるんかね。

といっても、海のなかで急に便意を催し、それが浮かんで隣りの子の背中のほうに流れていったときには、俺、慌てて泳いで逃げたけどね。そんな雄大な景色のなかで、人間っていうのは、実に矮小なことをするもんだよ。誰しもそうなのかもしれんが、俺、自分の排泄行為についての記憶が結構に多いんだ。精神分析医がどういうのか、まったくわからんが、これは存在の不安とかいうものと関係があるんじゃないのかね。つまり排泄で自分の存在をかろうじて確認するってことじゃないのかね。

ある日、その屋根裏の蓆の上で昼寝していて、眼が覚めたら、階下は、お客さんがきているらしく賑やかだった。だが俺は尿意の絶頂で、そのうち我慢の限界がきた。梯子をお客さんの前に下ろすわけにいかんので、往生したよ。そこで柱に放尿すれば壁を伝って外に流せると考えた。しかし、家の構造が俺の見込みとまったく違っていた。その柱は下の居間の真ん中あたりに立っていたわけだ。家の主人夫婦にこっぴどく叱られた。

それなのに、その夜、母はいつもと同じく俺を黙って抱いてくれた。一言の文句も叱正もなかった。彼女にとって、抱きしめるのだけが末っ子を守る唯一の方法だと思われたんだろうなあ。

それが原因ということではなかったんだろうが、また季節雇いの女中だったのかもしれないんだが、母はまた行商に出た。あちらこちらいろんなところを動いたんで、具体的なことは何も思い出せない。歩いて、歩いて、また歩く、その毎日だった。そしてある日、札幌に着くやいなや、駅の構内で長兄とばったり遭遇したんだ。もちろん俺は、あんちゃん、と叫んだよ。そうこうするうち、長兄は次兄をよんでくるから待っていろ、絶対に待っていろ、居なくなったら駄目だぞ、といってどこかに素っ飛んでいった。

母は暗い顔で、俺の手をじっと握ったままじっとしていた。母のその緊張した様子が今でも眼に浮かぶようだ。そして意を決したように「治夫、いくよ」といってその場を離れた。逃げるようにしてその場からいなくなった。母には次兄を捨てた、という負い目があったんだろうね。次兄のほうも、小学校を出て一年かそこらなんだから、母と一緒にいたいというかもしれない。そうなったら行商すらできなくなる、と考えもしたんだろう。

母としては、次兄と俺のどちらかを捨てるしかなかったんだろう。戦地から逃亡するときは子供を捨てるということがよくあったようだが、平和のなかにおける自分一人の子捨ての選択だから、いっそうきついともいえるんじゃないの。母がいつも俺を抱きしめていたのは、次兄の分も入っていたのかもしれない。結局それっ切り次兄は母と会うことがなかった。二人とも心残りだったろうなあ。

それから母と俺は倶知安《くっちゃん》町近くの銀山に向かった。倶知安というのは小樽から汽車で南方に一時間くらい走ったところにある町で、そのそばで、といっても銀山駅から五、六里も離れているんだが、轟《とどろき》鉱山というところがあって、昔、そこで銀が採れていたんだね。母はその銀山という町で弁当作りの女中をすることになった。

その駅で駅弁がたくさん売れるわけもないから、銀を荷馬車で運搬する労働者のために炊き出しでもやっていたんだろうなあ。しかし労働者は握り飯でいいわけだから、弁当なんて贅沢なものではなかったかもしれん。腹ごしらえのためのちょっとした食べ物を作っていたんだろう。

そこの女の子が二人、お父ちゃま、お母ちゃま、といっているのにはびっくりしたね。その家が村長さんのような上の社会階層にあったということだろうな。俺はカアチャンといったことしかなかったから。言葉に上品と下品があるということを知った最初の機会というわけさ。

ほかに俺が覚えていることといったら、母が大鍋で牛乳を温め、表面に浮かぶ脂肪分と蛋白分の混じった皮膜を俺にくれたことだけだ。旨かった、実に旨かった。母と一緒にいたあいだで最も幸せだったのは、銀山での「旨いか」、「旨いよ」というあのやりとりだね。でもそこも長くはなかった。やはり一時雇いの季節労務者ということだったんだろうなあ。

次に母と俺は、沼田町に向かった。札幌からかなり北に、むしろ旭川に近いところに、深川町というのがあるが、そこから留萌《るもい》に行く途中に沼田がある。例のＮＨＫの「すずらん」という連ドラで有名になったところさ。母は、そこから車を使ってもさらに一時間以上も山奥の昭和炭鉱で、自分より十歳くらいも年下の男の後妻になった。ひょっとして前の銀山でその話がまとまっていたのかもしれない。その男は、差別でいうんじゃないが、「兎口」をしていた。「三つ口」とも「兎唇」ともいうやつだね。その職業はよく覚えていないが、炭鉱夫ではなかった、たぶん炭鉱の職員だと思う。男の子が二人いて、一人は身体障害者で俺より少し年長、下は俺の少し年下ということだね。

いいづらいことだが、身障者の子供を持った兎口の男には後添えもなかなかみつからなかったんだろう。それで俺の母親が、ということになったんだろう。北海道の開拓期には女がたくさん死んでいるというね。家事のこともあるし、産めよ増やせよだから、女の負担が大きかったということだ。よく「北海道は女の辛抱で出来た」というが、辛抱の挙げ句に死んだ女も多かったということだよ。で、後妻を斡旋する業者もいたわけで、俺の母もそういうふうにしてその男の後妻になったのかもしれん。

その男は家事労働力として五十歳の母を後妻にしたのだろうが、母がすぐ倒れてしまったんだ。心臓弁膜症で炭鉱の診療所に担ぎ込まれたら、肺結核も患っていることが判明した。その男の身になれば、とんでもない厄介者の婆さんを引き受けた、と舌打ちしたくなっただろうね。ましてや斡旋口で入れた見知らぬ女となればね。その気持はわからんじゃない。

いずれにせよ、母の看病は俺の仕事さ。その費用はどこから出ていたんだろう、その男が出していたのなら、やはり感謝せねばと今は思うよ。ともかく、病院で自炊するわけだが、朝早く起きて、ボイラーマンから石炭の熾《おき》をもらって、七輪で飯を炊くんだ。母はだんだん垂れ流しの状態になってくるんで、母の着物を脱がせ、風呂場の流しで洗うんだ。母はすまなさそうにしていたが、俺は平気だった。

正直にいうと、辛いと思ったこともあるんだが、母に「有り難う」といってもらえれば辛さは消し飛んだ。それに母にいなくなられるのが、俺、怖かったんだよ。だから必死になって看病した。今は、母の看病をできたのが数少ない人生の幸せの一つ、ということになっているよ。介護士になれば、俺、大成したかもしれんね。

母の病状がもう処置なしということになったんだろう、あるいはカネを払わん患者はおいておけないということになったのかもしれないが、ともかく母は家に帰された。母が弱ってきているのは俺にもわかった。そしてある日、母が小さな声で「鶏殻のスープが飲みたい」といったんだ。俺、その男の財布からカネを抜き取って、鶏殻を買いに行った。

あちこち走り回ったけど、その町には売っていないとわかった。隣りの浅野炭鉱に売っているかもしれないというんで、俺、雪のなかを走ったよ。転《ころ》びつ転《まろ》びつというやつさ。そして、母の言う通りに灰汁《あく》をとりながらスープを作った。母は旨いといってくれた。俺も飲んでみたが、何の味もなくて旨いとは思わんかった。

その翌日のことだったんだろうか、上の身障者の子があまりに我が儘をいうんで俺が怒鳴ったら、その男が猛り狂い、俺が財布からカネを盗んだことも追求しながら、殴る蹴るの仕置きになってしまってね、この母子の存在そのものが気に入らん、というその男の気持ちは、今ならばわからぬでもないが、それにしてもあの折檻は酷いものだった。

そのあと、母と俺だけになったんだろうね、母が「姉ちゃんのところにいけ」という。俺は「いやだ、母ちゃんと一緒にいる」と泣き叫んだ。しかし、母が凄い形相で布団から身を起こし、「姉ちゃんのところにいけ、母ちゃんのいうことを聞け」という。そして自分の着物の縫い目から、くたくたになった札のヘソクリを取り出し、俺に握らせて、「これで姉ちゃんのところにいけ」といった。子供の俺にだって、このままここにいれば修羅場しか待っていないと感じられたんで、とうとう「わかった」といった。

布団に横たわって、また眼を閉じた姿、それが俺のみた母の最後だね。その日、どんなふうにして山奥の昭和炭鉱から留萌線の恵比島《えびしま》駅に出たのか、山道を会社の乗り物でいったのか、石炭運びのトロッコに便乗したのか、何も覚えていないんだ。よっぽど茫然自失していたということだね。ともかく恵比島というのは、「すずらん」でよく映された「明日萌《あしもい》」のことさ。ただし、それが放映されたのは俺が死んだ翌年のことではあるんだがね。ともかく恵比島駅から汽車で深川にいって、さらに札幌に向かったんだろう。窓に顔を押しつけ、「かあちゃん、かあちゃん」と何度も呟いたことだけしか俺の記憶にはないんだよ。涙が流れすぎて頭の中が空っぽになるような感じだった。

それで札幌にやってきたわけだが、それは、俺が小学の五年生になるときだった。学校には、敗戦の前年、一年生のときの半年ばかりしか通っていない。だから、五年生というのは、通常の場合で、ということだけどね。

長兄は札幌大通りの未決監に入っていた。薬物のためか窃盗のためか障害のためか、それは覚えていない。長兄は刑務所に出たり入ったりの一生だったんだ。それで、母の指示通りに姉のところにいった。狸小路の裏街の、帝国座の隣りにあった木造アパートに、姉は住んでいた。

ベニヤ板で作ったようなみすぼらしいアパートだった。当時はそんな物しかなかったんだけどね。少しのあいだそこにいたんだが、ある日、姉は俺を連れ出して苗穂に向かった。そして豊平川の堤防をずいぶん歩いて、辿り着いたのが少年養育園というところだ。どこかのキリスト教の団体が運営している孤児たちの収容施設だね。

もちろん俺は、その夜に、逃げ出した。数百メートル走ってわかったんだ、そこは薄野の外れだったんだよ。姉は、俺の眼をくらますために、遠回りしてその養育園にやってきたというわけさ。十五歳も齢が違うから、十一歳の男の子がどういうものか、わからんかったのだね。そのときは係員たちに追いかけられて捕まってしまった。

係員たちはキリスト教徒ではなかったのか、あるいはクリスチャンもそういうことをするのか、殴る蹴るの制裁で、俺のほうももう母ちゃんがいないので遠慮する必要なんかないから、暴れまくってやった。何日かして、便所の小さな窓からやっとこさ逃げたよ。四、五日間にすぎないと思うんだが、昼は街をぶらつき、コソ泥みたいなことをして食いつなぎ、夜は姉の店あたりをうろうろし、夜更けては札幌駅の片隅で寝ていた。

そんな姿をどこかで姉の知り合いがみたんだろうね、通報されて、俺はまた姉のところに戻された。そしてすぐに姉の知人宅の子守にやらされた。姉も困り果てたんだと思うね。刑務官の夫に死なれたあと、あとで知ったんだが、朝鮮人と一緒になって韓国に渡り、収容所に入れられて、日本に送還され、札幌に帰ってきたものの、小学校も碌に出ていない女にやれる仕事なんて、とくにその当時は相場が決まっていた。要するに「特飲街」で働くということだ。特飲街というのは娼婦のうろうろするような場所ってことだね。

俺の預り賃も姉は払ったんだ、コメ代、ミソ代、フトン代ということでね。その女の人のところには、夜になると、いろいろな男がやってきていた。そういうとき、俺はその赤ん坊と一緒に押入れのなかに入った。まず朝鮮語が聞こえてきたね。チョッパリ、チョッパリという単語が俺の耳に突き刺さってきたよ。そのうち男女の絡み合う声が聞こえてきた。

そのうち、俺たちが押入れではなく布団に入っているときでも、すぐ隣りの布団でそういうことが行われた。その動作を見たり声音を聞いたりするのは俺にとって「楽しみの趣」であった、ということは確かなのだがね。しかし同時に屈辱を覚えていたといえると思うよ。何か俺が路傍の石みたいに見下されている気がしたということだね。時々、その女に憎しみも覚えたような記憶があるよ。

そして母が死に、その葬式が炭鉱で行われるとの知らせが入った。姉と長兄が沼田に向かった。夜になって、俺と次兄は札幌駅に小さな白い箱に入ってしまった母を迎えたんだ。俺は背中に赤ん坊を背負い、それを「ねんねこ」で覆った姿で、その箱を眺めていた。その木箱がかあちゃんかと思ったけど、現実感がなく、涙も出ず悲しくもなかった。

あれだけ母にすがりついていたのに妙なもんだね、まったくもって。「一間離《いっけん》れりゃ赤の他人」というのは、ひょっとしたら、本当かもしれん。帰り路、長兄が露店で買ってくれた「きんつぼ」のすごく甘かったことだけを覚えているんだ、母の骨がやってきたその夜にね。人間ってのはどこまでエゴイストなんだ、馬鹿野郎、というしかないやね。

やはり姉の知人の口利きだろうが、俺は赤平に子守にやらされた。赤平ってのは、旭川の手前の滝川から東へ、富良野に行く途中にある炭鉱町だよ。そこの赤間炭鉱の、職員かどうかははっきりしないんだが、関係者が小学校にも通わせてやるっていうんで、俺は喜んでもいたし緊張してもいた。学校なんて、はるか遠い昔、ちょっと通っただけのことだからね。ところが、それが真っ赤な嘘で、要するに下男ということだった。姉が今度も俺の預り賃を少々払っていたに違いないのに、俺はまるで奴隷扱いさ。そいつから、半チョッパリとどやされたこともしょっちゅうあったなあ。この赤間炭鉱の関係者の家には二年くらいいたはずだ。

そこの奥さん、「働かせ者」でね、その実家が風呂屋なもんで、風呂の掃除や三助にも行かされた。そうした力仕事は子供には辛かった。腕がもげそうになるんだ。でも、それ以上に辛かったのは家事のほうだった。朝の四時に起きて「がんび」に、つまり白樺の樹皮だね、それに火をつけてまずストーヴを焚く。釜で御飯を炊く。そのあとは、掃除に洗濯さ。子守もやっているから襁褓《おしめ》洗いは毎日やらなければならない。水は冷たいし、洗濯板でごしごしとやらねばならん。あれは、結構、過酷な労働でね、音を上げたよ。水汲みもやらされたし薪割もやったなあ。

皸《あかぎれ》で切れ、霜焼けで腫れる、それが俺の手足ということだった。配給所への買い出しも俺の仕事だった。そんな折、通りすがりに半チョッパリと低く囁く声を何度か耳にした。アジア人民の皆さん、「おしん」なんかで泣く前に俺に泣いてくれ、ってなもんだよ。

それにしても、十一歳かそこらの餓鬼を、よくもまあ、あそこまでこき使えたものだと、俺はむしろ感心するよ。人に非ざる人が奥地に入っていくと住んでいるものなんだねえ。彼ら自身、そういうふうにこき使われるような人生を送ってきたということなのかもしれんが、しかしそうならば、こき使われる者の気持ちが少しはわからんもんかね。よほどの根性悪《わる》でもなければ、子供をこき使うのに手加減をするもんじゃないのかね。

いや、違うか、貧富にかかわりなく、貪欲に駆られて生きるのを旨とする人間がいるということなんだろう。そういう奴らにはせめて自分をこき使え、預り賃まで受け取った上に人間を牛馬と同一視するな、といってやりたい。俺、ヒューマニズムというものはありうると思うよ。人間は牛馬とは付き合えんのだから、人間と付き合いたければ、相手を人間として扱え、という原則があって然るべきじゃないのか。

俺、口外するのはちょっと恥ずかしいんだが、あの二年間の口惜しさを思うと、今でも身が震えるときがあるんだ。そして自分の母や姉がそれと同じ思いを味わってきたのかと想像すると、できるなら、敵討ちをしてやりたいと思って身が熱くなるんだ。それだけじゃない、子供っぽい言い方かもしれんが、俺が根本において人間というものを信じられないのは、あの連中の貪欲とか卑劣とか傲慢をみてしまった、みただけでなく骨身に染みるようにして味わわされた、そのせいじゃないのかと思うときがある。

その家の連中だけじゃない、あの近所の連中だって、俺が牛馬のごとく鞭打たれていたのを知っていたんだ、知っていても彼らのやり方といったら、俺を蔑むばかりか、俺という人間の存在そのものに関心を払わない、俺が使役動物としてそこにいるのが日常の風景である、といった調子だったんだ。

ふざけるんじゃない、今からでも遅くはないから地獄の果てまで追っかけてやる、そういう気持ちになってしまうんだ。人を呪うなんてのは実に嫌な気分のもんだぜ。

その炭鉱のそばに空知川《そらち》が流れていてね、一本の橋がかかっていた。川の水が、石炭の粉塵で、真っ黒だった。俺は何度か、たぶん五度も六度も、その黒い激流に身を投げようとした。身を投げたくなって堪らん気持ちになった、というのが正確なところだがね。

小さな声で呟いてみるんだ、「母ちゃん、俺をあの世に連れていってくれ」ってね。でも、あの世っていったって、それはあの白い小さな箱だ、ということはわかってはいた。どうにもならん話さ。考えてみりゃ、恐ろしいやね。俺があと二年ばかり齢くっていたら、つまり中学生になる年頃だったら、あの連中を叩き殺していたかもしれない。死ぬのも大して恐くないが、殺すのだってさほど恐ろしくはない、と思う状況があるものなんだ。俺、あのとき、死にも殺しもしなかったのは、ついていたんだと思うよ。

橋に向かったのは、決まって煎餅売りのついでにだった。夕方には、街を歩いて煎餅売りをさせられていたんだよ。「煎餅、よかったですかあ」といって一軒、一軒、聞いて歩くんだ。「いかがですか」じゃなくて「よかったですか」と過去形の言葉で問いかけるのが北海道に特有のことかどうかは知らんのだが、ともかく、この訪問販売は大概のところ野良犬を追い払うような応対をされるわけで、その屈辱ったらなかった。半チョッパリ、との聞こえよがしの声を背にあびることもあったよ。

「門付け《かどづ》」するのが習わしになるように生まれ育っているのなら別だ。しかし俺は、人の門の前で何か芸をやり、それで施しを貰うようには育てられていなかった。「お乞食さん」なら我慢の仕様もあるんだろうが、こちとら、にわか仕立ての売子なんで、我慢の仕方を教えられていなかったんだ。
結局、精神的なストレスのせいなんだろうね。寝小便の癖がついてしまった。布団を干すなどという余裕がないもんで、玄関脇の小さな物置場みたいなところに敷きっ放しの、濡れ切った臭いにおいの染みついた布団で、毎晩、倒れ込むようにして眠っていた。だから、俺が牛馬の如く扱われたというのはあながち比喩としていっているんでもないんだ。自分の糞尿とともに眠るのが当時の牛馬の実情だったからなあ。

そしてあるとき、赤ん坊は少し乱暴に扱われるのが好きなんでそうしてやっていたら、赤ん坊がどうもどこかを脱臼したらしく、泣きわめいた。それで、そこの親父にさんざん殴られ、蹴られた。お上さんもそれに加わって殴る蹴るが続いた。利かん気の俺だが、そのときは剣幕に押されてうずくまっているだけだった。

俺、あのとき、自分は殴られる身分に生まれついたのかなあ、と何となく感じていたのかもしれん。人間っていうものは実に情け無い代物だよ。一方では人を殺すこともできるし、他方では殴られるのに慣れることもできるんだ。俺は、ふと、自分が何を為《し》でかすのかわからなくなり、自分を信じられなくなるときもあるんだが、それもこうした体験に根差していることなのかね。

いや、落ち着いて振り返ってみれば、地獄に仏っていうこともあるのかもしれない。おそらく、そんな俺の毎日について物陰ではあれこれ囁く住民がいたのかもしれん。たぶんそれを聞いてのことだろうと考えられるんだが、隣り町の茂尻《もしり》のあるお寺から、小坊主の修行にこないか、順調にいったら寺の養子になることもできる、なんて話がやってきたんだ。

だが、こちとらは子供なんで、寺と聞いたらお化けの出るところと思い込んでいた。これ以上の酷い目をお化けから遭わされるなんて嫌な話だ、この家から逃げ出そうと心に決めた。あのとき、その寺にいっていたら、俺、坊主になっていたのかもしれん。

それにしても、なぜ、その前に俺は逃げ出さなかったんだろう。汽車賃がなかったからなんだが、なぜ、無賃乗車のことを思いつかなかったんだろう。おそらく、赤平は札幌からあまりに遠いもんで、赤間炭鉱に幽閉された、といった気分だったんだと思う。札幌と空も陸も繋がっていると思えなかったんだろうな。俺、まだ子供だったんだよ。

こういう餓鬼にたいして、さぞかし学校にいきたかっただろう、などと尋ねるのが世の常だ。しかし、学校なんてものはそもそも自分に縁がない、と俺は思っていた。母との行商、母の看病、下男の仕事、それをこなすのに精一杯で、ほかの子供たちと自分を比較するなんて暇は俺にはなかった。無自覚のアウトサイダーを何とよぶのか、要するに根っからの外され者で、社会というものを知らずに生きていたということなんだろう。

あるいは、母親と自分の二人だけの世界で生きていた、ということなのかもしれない。母が死んでからも、思い出の母がすぐそばで黙って俺をみている、といった感じだった。母の人生は苦し気であったが、俺はその苦吟を母と共有できていた。下男務めのときの苦しさも、母の苦しみを俺がかわりに引き受けているんだ、といった感じがいつもあったように思うよ。

その意味では、俺は生粋の母親っ子かもしれん。母親に甘え切っていたんだ。母に我が儘をいったことなんかほとんど一度もなかったんだが、母と俺とのあいだには特別の匂いのするエーテルが満ちていて、それに浸っていることができれば、何が起こっても平気という感覚が俺の根っ子にはあるのかもしれん。その匂いは、傍《はた》から嗅げば哀しみの匂いといったことになるんだろうが、その内がわにいる者にとっては、案外に甘美なんだよ。

いや、そうもいっておれんか。自分の死期が近づいているのに、ねえちゃんのところにいけと凄い顔付きでいったあのときの母の気持ちのことを考えれば、そのエーテルが飛沫となって飛び散る、といった感じに襲われもする。

母は四人の子供を持っていた。それ以外に、最初の男の子が病死しているし、次兄と双子であった子も病死している。この双子の片割れは凄く成績優秀で、卒業式に小学校四年生なのに在校生代表として祝辞を読んだ、と姉がいっていたよ。いずれにせよ母は、自分が生んだ六人の子供の誰にも看取られずに、あの沼田の炭鉱の家の暗い部屋の片隅で、その家のすべての者から見向きもされずに、それどころか忌み嫌われて、独りで死んでいったんだ。どんな気持ちであの低い、石炭の煙で黒ずんだ天井をみつめていたのやら、どんな気持ちで自分の心臓の鼓動が狂い自分の肺臓が腐っていくのをじっと感じていたことやら、まったくかわいそうなかあちゃんだよ。

亭主は、日本人に味方した朝鮮人ということですでに銃殺されていた。親戚縁者には、彼らのために身を売ったのだからして、彼らのためを思えば、近づくことをみずからに禁止するほかなかった。そういうふうにして明治女の筋を通す以外に道はなかった。

自分は苦界に身を沈めたんだ、という自覚を終生持ちつづけたこの母の深い孤独を思うと、俺は慄然とする。心が凍りついたような気になる。俺は恐ろしいんだ、あのように俺が甘えてすがっていたあの人が、心を人生のなかで凍らされ、そして凍りつくように死んでいったのであろうと想像すると、母の一生に救いはなかったんだなあ、と思わずにおれない。

沼田でのあの鶏殻のスープのことにしたって、母は、何とか生き延びて、自分が四十歳を過ぎてから生んでしまったこの俺の面倒を今暫しみなくてはと思い、もう少し生きさせてほしい、医者から見捨てられても死ぬわけにはいかない、との儚い希望の表明だったのかもしれん。心はとうに死んでいるのに、身だけは、自分の生み落とした小さき者のために生きさせねばならぬ、それがあの鶏殻のスープということだったのではないか。

心臓も肺臓も、循環活動は停止の寸前ということだったのに、命を世代間に循環させるためになおも起ち上がろうとしたのかと思うと、俺の命そのものが疫病神のようにみえてくるよ。あの母を安寧な死から遠ざけた張本人、それが俺の存在だったのだと思うと、俺なんかに救いがあってなるものかとすら思われてくるんだ。

俺は赤間の苦役所をやっとこさっとこ脱け出てきた。無賃乗車を決行したわけさ。便所のなかに隠れてじっとしていた自分の姿を思い出すよ。札幌駅も、改札を出ずに、線路伝いに歩いて、街のなかに逃げ込んだ。姉を尋ねたが、行方がわからず途方に暮れた。

札幌駅で寝ていたら、鉄道保安官にみつかったんだが、保安官は親切だったなあ。自分の弁当を、半分、食べさせてくれてね。いろいろ事情を聞かれてすっかり同情され、赤間にも電話をかけてくれた。赤間のほうの返事は、「姉のところへとっとと帰れ」ということであったらしい。保安官は口を濁していたが、電話の対応ぶりからしてどうもそういうことのようだった。

翌日、保安官が姉の居場所をつきとめてくれた。しかし姉は俺を引き取れんかった。自分の商売を末弟にみられたくない、結局、そういうことだったんだろうね。邪険な姉だと感じたこともあるんだけど、今はよくわかるよ。その「商売」をまだ子供の弟には知られたくなかったんだ。娼婦だったのか客引きでバックマージンをとっていたのか、知りもしないし知りたくもないが、ともかく、俺だって、そのことを目の当たりにしたら、落ち込んだだろうと思うよ。

また姉の知人宅に預け賃を払って預けられるということになったわけだ。子守の仕事がなかったから毎日が暇だった。でも足はいつのまにか姉のほうに向いていて、姉の仕事場の近くの店先で菓子や果物を盗んだりしていたら、姉に手酷く叱られ叩かれることもあったね。それでも俺は幸せだった。同じ空の下に姉や兄がいると思っただけで、気持ちが浮きうきしたもんだ。

ちょっと遠出してちょっと悪さをしていたら、姉の友人に出くわしたこともあったね。美しい人だった。夜も遅いんで、黙りこくっている俺を旅館に泊めてくれた。その人は、布団の上に座って、自分の身の上話していたよ。貰い泣きするような悲しい話だったはずなんだが、話の中味は何一つ覚えていない。「坊やも頑張らなくちゃ駄目だ、お姉さんを楽にさせてあげなくてはならないよ」といわれたことだけを覚えている。

要するに、狸小路や薄野をほっつき歩いていたんだ。何か月そうしていたのかもわからない。そのうち、長兄が刑務所から出てきて、一緒に暮らすことになった。日の丸アパートという貧相な住居だったけど、肉親と暮らすのは久しぶりなんで、あんちゃん、あんちゃんといってあとを追っかけていた。まるで野良の子犬といったところだねえ。

季節も春を迎えていたように記憶している。何せ楽しい毎日で、回りにも、何の花か知らんが、たぶん桜や梅や桃、リンゴやライラックやアカシヤといったところが一斉に咲いていたんだろうね、花のいい匂いが町中に充満していたような気がする。

ところが、またあんちゃんが逮捕された、薬物不法所持ということなんだろうね。兄の同居者ということで、検事の取り調べもあった。俺は「あんちゃんを返せ」と怒鳴りまくってやったよ。取り調べ室からつまみ出されるとき、「こんなところ、かならず火をつけてやるからな」と捨て科白を吐いてやった。

十五年後に、八九三の出入りで取り調べを受けたときの検事がその人で、その話をしたら、向こうも思い出して大笑いになった。ついでに、「あの顔付きはただものじゃない」ということで、その晩に不審火の警戒を厳重にやったことをその人は思い出し、さらに大笑いとなったよ。

兄がいなくなったんで、兄の友人のNさんの実家に預けられることになった。そこには、Nさんの親分に当たるBさんも同居していて、そのBさんが俺を「チビ」とよんで、それがすぐ俺の渾名になってしまった。預けられるといっても、俺が寝泊まりするのは二階の押入れと決まっていた。でも、みんなにかわいがられてたんで、何の不安もなかった。いつのまにか寝小便も治っていたから熟睡もできた。幸せな毎日といってよかったんじゃないのかな。

かわいがられついでに、よく薬を買いにいかされたよ。ヒロポンの親戚なんだろうが、ネオアゴチンというのがあってね、普通の薬屋で売っていたんだ。一本三十円で百円渡される。つまり三本買って、十円の釣りを俺が貰えるわけで、そのバックマージンで食い物を買って街をぶらついていたんだ。もう立派なチンピラ候補というわけだ。戦争が終わってもう六年が経っているのに、遅れて戦災孤児をやっていたということだね。

やがて、Bさんが中心になって相談が行われ、俺は学校に入れられることになった。本当は中学一年生なんだが、区役所か中学校かの指図だろうね、近所の小学校の六年生に編入された。それも当然で、足し算、引き算も二桁になるとお手上げで、掛け算、割り算となるとちんぷんかんぷんさ。ただ、漢字はよくできた。大人の本に眼を通していたからね。そういうのにはルビがついているんで、いつのまにか漢字を覚えてしまうんだよ。

ここまで思い出してきて気づくことが一つある。それは、子供が時間の経過を記憶するに当たって、学年や学期ということが決定的な節目になっているのであろう、ということだ。俺の場合、その節目がないんで、記憶の整理がうまくいかないんだよ。

辛いことが立て続いていると、ずいぶんと長い時間が経っていたように思われるんだが、よく考えてみると、それはごく短期間の出来事だったのかもしれないんだ。俺にはカレンダーがなかった、ということさ。だから、俺の記憶が何とかきちんと編成されるのは、この小学校編入のときから、ということになるわけだよ。

でも、俺の通学姿といったら、髪にポマードを塗ったくって、それを七・三に分け、女物の中ヒールの靴というわけだ。衣服はその辺にあるものを着るので、先生も生徒も眼を剝いていた。何も奇を衒ってそんな姿をしたんじゃないよ。そんなものしかなかったということなんだが、自分としては、そういう格好をするのが社会に出るということだという気分もなかったとはいえない。ともかく、チンピラかちんどん屋かはよくわからんのだが、あたりのことを気にせず、ブイブイいわせて社会に出ていく以外に手はなかったんだ。

小学校も終えるころだろうか、いつまでも押入れ暮らしをさせるわけにはいかん、預かるほうのNさんの実家も大変だということになって、また八九三たちの談合が始まった。俺もその談合に加わっていたんだが、うつらうつらと居眠りをして、火鉢の角に頭をぶつけてしまった。そのことをNさんとBさんがいつまでも話の種にして、死ぬまで俺をからかっていたね。

結局、Nさんと何かの縁があったGさん夫婦が俺を引き取ることになった。Gさんは、Bさんの子分だったが、結婚を機に堅気になって居酒屋を始めた、ということだと思うよ。二人は、まだ子供のいない若い夫婦だったんだから、俺を預かるというのは大変だったと思う。それなのに何の文句もいわずに俺の面倒をみてくれたんだから、昔の八九三の義理人情は見上げたもんだよ。

中学、高校と面倒をみてくれた俺の大恩人、それがG夫婦ということになった。そのG夫婦が七十歳にもなろうかというとき、その家に放火したのが俺の子分と判明した。俺だって義理人情にかけて起ち上がらざるをえなかったわけなんだ。ともかく、俺の肉親じゃないのに、小さな組の親分とその子分、そしてその子分の昔の友達が、俺が居眠りをしているうちに、俺の人生の進路にかかわる決定をしてくれたんだ。やはり、渡る世間に鬼はなし、というのもこの世の一半の真実なのかね。

Gさんのところに移った最初の夜のことはよく覚えている。布団がふかふかだったんだ。その暖かさ、その軽さ、その広がりが何ともいえんかった。自分は幸せになれるのかもしれない、と感じたね。

だから、Gさんの家から啓明中学というところに通うことになったんだが、毎日が軽やかな気分だった。

街をほっつき歩くほうが楽しいので、学校はしょっちゅうサボってはいた。また「ポマードとヒール靴に女物の上着」という格好も相変わらずだった。でも、級友たちは、あいつはああいうやつだと認めてくれたらしく、俺に近づいてはこなかったが、俺を排斥するというようなこともしなかった。

その啓明中学というのは、役人やサラリーマンの子弟の多い学区で、いわゆる中流のおとなしい子が多かった。校風も自由にして穏健というわけで、俺、学校には行きたいときにだけいくということだったんだが、そういうことが放任されていたんだ。

薄野や狸小路をぶらつくチンピラであることに変わりはないものの、俺はだんだん勉強が好きになっていった。国語は出来たし、英語はみんなと一緒のスタートラインだから引けをとることはなかった。社会は常識があればわかる科目だが、俺の常識は、大人の世界にいたんで、結構に発達していたんだ。数学と理科はきちんと考えれば何とかこなせた。それに俺、歌は上手いし、走るのも速いしね。聞くところでは、今の教育はずいぶん細かいことまで教えるようだが、昔は大雑把だった。それも俺には好都合だったのかもしれん。

勉強がまあまあできたというのは大きな安心材料になったよ。何といっても劣等意識に苛まれなくてすむからなあ。大人のエロ本や講談本しか読んでいなくても勉強に追いつけるんだ、とわかってほっとしたよ。学校も穏やかな雰囲気のところだったんで、啓明中学にいた一年半は、俺の平和時代というやつだね。

その平和が俺には少し退屈ではあったんだが、振り返りゃ、平和というのはいいものかもしれん。毎日が剝き出しの戦《いく》さじゃ、ストレス過剰で身が持たんよ。身の中心の心臓が壊れてしまう。そういえば俺の家族には心臓病が多いなあ。父の体質のことは知らんが、母は結核との併発、また姉と次兄は癌との併発だが、みんな心臓病というんだから、俺自身の心筋が五十歳を超えて梗塞状態に入っているというわけだから、ストレス家族の典型だよ。

中学二年の半ばに、G夫妻が引っ越しをして、俺も付いていくことになった。自衛隊駐屯地の前に新しく居酒屋を開くことになったわけさ。十店ばかりが軒を並べる「マーケット」に入ったんだが、その夫婦にすりゃ、伸《の》るか反《そ》るかの一大決心で場所を移したんだろうなあ。その隣りに少年鑑別所があったんだが、それが不吉の象徴であるとは、当時は、何も想わんかった。その店の客は、やはり、自衛隊員が多かったね。大概が何人かの連れでくるんで、店は、繁盛というほどではなかったが、食うには困らんかったようだ。

俺は例の格好で柏中学というところに転校した。その学校は、まあ、平和状態とはいえなかったね。戦争突入の寸前、といった雰囲気が漲っていたというべきかね。あれは、学区が南北に渡って細長いんで、雑多な職種や階層の家庭の子供たちが通っていたということによるんだろう。何か荒んだ雰囲気が学校を覆っていたよ。

隣りの組にこの本の著者がいて、彼と廊下で取っ組み合ったのはかすかに覚えているよ。小さいくせに利かん気の奴で、勉強が出来るのに非行にも傾いている、といった感じだった。俺は奴のことを少し気に入り、奴も俺のことをそう思っているらしいとすぐ気づいたね。

俺は新聞配達を始めた。G夫妻にあまり面倒をかけちゃいかん、と配慮できるほどには大人になりはじめていたということだ。昼のパン代もPTA費も必要だからね。ただし朝飯代が要らんかったのは幸運だった。というのも朝食は、大体において、自衛隊の食堂でタダで食うんだ。新聞配達で知り合いになった若い隊員が、彼も腹を空かして育ったんだろうかねえ、その食堂で無料で食わしてくれた。シチューとか野菜や魚の煮付けとか、実に旨かった。麦飯だって、よく噛めば、旨いもんだ。これで今日一日の命は大丈夫と安心できたわけさ。

新聞配達の仲間に、家出をしてきた奴がいてね。俺にも、G夫妻とちょっとした感情のもつれが生じたことがあり、また、元々、G夫妻に俺の面倒をみなければならん謂われは何もないと知っていたんで、自分も家出するしかないかと思ったことがあった。G夫妻はその居酒屋が戦場みたいなものだから、苛立ちがつのる。俺も自分の激しい気性をすぐ表に出す性質《たち》だ。ほんのちょっとした言葉の行き違いが切っ掛けで、互いの関係がもつれちゃったんだ。それでその家出少年に相談したら、「莫迦は止せ、家出なんか絶対にするもんじゃない、泥棒をやるほかなくなるぞ」と一笑に付された。こいつは苦労人なんだ、とつくづく感心したよ。

ともかくGさんの家には帰れず、姉のところを訪ねるしかないかと思って薄野の夜を歩いていたら、顔見知りの大人の新聞配達人が二人、雪の上で酔っ払って殴り合いの喧嘩しているんだ。通りかかった俺がちょっと声をかけたら、喧嘩に勝っていたほうが逆上していて、俺に殴りかかってきた。パンチががつんと入って、俺の前歯が二本折れ、血だらけになってしまった。

そのことがG夫妻に報告され、俺は病院に運ばれ、殴った奴から治療費もとれた。そんなことで、怪我の功名の見本みたいなもんだが、家出は中止、Gさん宅に無事帰還、ということになったわけさ。

しかし、それからまもなく長兄が出所してきて、俺も長兄と同居することになった。G夫妻には、もちろん膝をついて、両手をついて、頭を深く下げて御礼をいったよ。こんなどこの馬の骨とも知れん餓鬼を四年近くにわたって面倒をみてくれたんだから、そんな御礼だけじゃすむ話じゃないんだけどね。それに、半年後にまたG夫妻のところに舞い戻ることになったんだから、いったいあの御礼は何だったんだ、ということにもなるんだけどね。

つまり兄は、大工になって更生する、とみんなに誓ったんだけど長くは続かなかった。またヒロポン人生に逆戻りさ。兄貴はカネは稼げないし、部屋代の請求はうるさいし、俺は何をやって暮らせばいいんだ、と思案に暮れたよ。

でも俺には兄貴の責任を云々する気は毛頭なかった。のたうって生きているあんちゃんもかわいそうだった。末弟の俺に何かしてやりたいんだが、どうしても何もできないんで悩んでいる、そんなあんちゃんがかわいそうでみておれなかった。自分で生きなきゃと思ったよ。しかし航空自衛隊には片耳が聞こえないんで入れないともうわかっていた。母親と一緒に放浪しているあいだに中耳炎を患って、放ったらかしにしているうち、聞こえなくなってしまっていたんだ。だから、次兄と同じく、そのうち東京に料理修業に行くことになるんだろうか、などと当てのない想像をしていた。

まさにそのときに、中学のクラス担任の金子先生が「お前は札幌南高校に行け」といってくれた。修学旅行でみんなが仙台の松島に行っていたとき、俺が「友よ行け、我も夢にて追いつかん」と詠んだ歌が先生たちの気に入ったらしいが、そんなことが職員室の話題になっていたんだろう。それで、金子先生が俺の将来のことを気にかけてくれたのかな。金子先生は俺の長兄を説得してくれた。

みんな驚いてねえ。姉は「おや、まあ、この子が南高になんて、本当の話なの」と半信半疑だし、親分のBさんは「このチビが天下の一中に行くというのは快挙だ、豪気だ」といって騒いでいた。一中というのは南高の前身の校名だね。G夫妻はもちろんNさんも、「よかった、よかった、面倒の見甲斐があった」と喜んでいる。俺もちょっと鼻が高くなった。これでみんなに恩返しできると殊勝な気持ちにもなったよ。

「チビも一人前になるんだから、下宿暮らしをさせよう、そのカネを作るのは兄貴の仕事だ、兄貴はヒロポンを止めるべし」ということで衆議一決し、俺は薄野の裏街で一人暮らしを始めた。何か胸が高鳴るような、それでいて心がしんと静まり返るような、神妙な気分だった。

そういえば、そこで受験勉強をしていると、近所の小学四年生くらいの女の子がよく遊びにきていたね。かわいい子だった。親にその子の面倒をみる余裕がないらしく、彼女は暗くなっても家に帰ろうとしなかった。よく俺の部屋の押入で眠っていたよ。昔の自分をみるようで、いとおしかった。そのうち俺は近所の小さな子供たちの人気者になって、俺のほうも、なけなしのカネをはたいて、みんなに菓子を御馳走したりしていたよ。

また、近所に火事が発生したことがある。窓が真っ赤になったんで、外をみてみたら、向かいの家から炎が吹き出していた。俺が第一発見者になり、その女の子を外に運び出し、また近所の荷物の運び出しにも大奮闘ということで、警察に表彰された。相当の大火事で俺自身も焼け出され、それを知った中学の同級生が高校入学の道具を一式、揃えてくれた。学生服を含めてね。それが俺の英雄時代ということだったんだろうか。

しかしそれも長くは続かなかった。長兄が、逮捕されたのか出奔したのか、もう覚えていないんだが、姿を消したんだ。ヒロポン中毒を克服できない自分に、そして末弟の面倒をみれない自分に嫌気がさしたのかもしれない。姉が俺の面倒をみることになった。

姉も南校生の俺を誇らしく思っているようだったんだが、姉にはずいぶん年下の情夫ができていてねえ。そいつが事ごとに俺に突っかかるんだよ。というより俺のことで姉を苛めるようになった。結局、姉がG夫妻に泣きついたんだろう、俺はまたあの居酒屋に居候することになった。肩身の狭い立場だった。兄や姉がいるのになぜ俺たちが、とその夫婦が思って当然の話なんだよ。でも俺は姉の責任なんていう気はないよ。あんな阿呆な男に叩かれているねえちゃんがかわいそうで、そいつを叩き潰してやった。

その居酒屋では、自衛隊の団体客がくると、二階の部屋が使われた。だから俺は、学校から帰ると二階の押入で、襖《ふすま》越しの騒ぎも何のその、夜中まで眠り、階下が寝静まったころに起きて、台所の卓袱台《ちゃぶだい》で勉強することにしていた。よく勉強したよ。せっかく南校に入ったんだから、絶対に頭角を現して、北大にも入ってやろうと思っていた。成績もかなり上位にいたはずだよ。

だが、朝、家を出るときには、弱った。弱り切ったというべきだろうな。台所のどこを探しても、余り物が二人の住み込み女給さんによってすべて平らげられているときが多かった。そうかといって、もう子供じゃないんだから、「パン代くれ」とG夫妻に申し出る資格がないことはわかっていた。アルバイトは新聞配達しかなかったんだが、アルバイトの空きがどうしてもみつからん。

空腹がやってきた。でも、腹が減って堪らんかったという話なんかくどくどやる気はせんなあ。ともかく毎日のこととなると空腹も恐ろしいもんなんだよ。神経がささくれ立ってくるんだ。勉強はもちろん、何もかも放り出したくなるんだ。

そんなときだよ、高校で俺のうしろの席にいた君が「おい、海野、ラーメン食いにいこう」と声をかけてくれたのは。

これが、君と会うまでの俺の経歴さ。それ以後の俺の人生の粗筋《あらすじ》は、大略、君の書いている通りといって、まあ、さしつかえないよ。どうも、同世代の者としては突拍子もない年月を過ごしたとみえるだろうが、俺にはどう為様もない現実だった。誤解してもらっては困るが、俺は、自分の苦労話を自慢してるんではないんだ。そもそも、自分の生い立ちを他人に喋るのはこれが初めてのことなんだからね。

俺の家族は散りぢりばらばらになってしまったんだが、父がBC級戦犯として処刑された朝鮮人であったこと、そして母が一度は苦界に身を置いた日本人であることは、みんなして末子の俺には教えるなと約束し合っていたらしい。だから、父母の秘密は、最後に刑務所に入る前、死を覚悟したあたりから自分で調べて確認したことなんだ。つまり他人に自分の過去を喋ろうにも、その過去の成り立ちそのものが俺には分明ではなかったということだ。そしてそれが明確にならなければ、姉や兄たちがはまってしまった人生の袋小路が何であったかもわからない。それで、自分の家族について語るのは俺には不可能ということだったんだ。

俺は知っているよ、八九三や暴力団員に被害者意識の強すぎる者が多いことを。時々、被害妄想にかかっているとしか思われん奴らにもお目にかかってきた。君はわかってくれると思うんだが、俺はこの種の意識や妄想が大嫌いなんだ。アウトローたちには、厄介な生い立ちの者が多いんで、その被害者意識には同情してやることもできる。しかし被害者意識を表立って振りかざすのは餓鬼のやることだ。そんな餓鬼道を嫌ってきたばかりに、物事の理非曲直を質しすぎて八九三仲間から疎んぜられるときもあったし、また餓鬼を追い払うために「攻撃は最大の防御」との格言に従って仲間の先頭に立って突撃を繰り返してもきたんだ。

ただ、理屈を述べているときでも行動に走っているときでも、それをやっている俺自身はそも何者なのだ、一体全体、俺は何処からやってきた者なんだ、という疑問符が俺のなかで消えたことはなかったような気がする。

正直にいってしまうが、母と一緒に田舎道を歩いている自分の姿、かじかんだ手で赤ん坊の襁褓を洗っている自分の姿、腹を空かして店先の食べ物を掠め取ろうとしている自分の姿、札幌駅にうずくまっている自分の姿、薬を買いに薄野の裏通りを走っている自分の姿、そんな自分の遠い過去の切れ端が、タクシーの中やバーのカウンターや布団の上で、まるで麻薬のフラッシュ・バックのように脳裏を横切《よぎ》るんだ、過去が現在に入り込んでくるんだ。そこに昔の自分がいるような気すらするんだ。

そんなとき、俺、いつも不安になったんだよ。いつどこで出発したのかわからないまま訳もわからずに走りつづけている者が、自分はなんで走っているんだろう、どこまで走ればいいんだろうとふと疑問に思う、といったような感じなんだ。ルーツ調べというのは、前方に展望を持つためには後方に遡及してみなければならん、ということで始められるもんじゃないのかね。自分のルーツが、つまり根っ子がどんなものかわからんとなると、いくら枝葉を広げても花実を咲かせても、ちょっとした風雨や地震で倒れる、それが自分なのかもしれないと不安になるんだ。

ただ俺の場合、ルーツ探しでみつかるのは死者ばかりで、生存中の縁者がいても、こちらが八九三だから、近づくのは遠慮しなきゃならん。そしてルーツが判明するにつれ、死者たちの悲しみが俺に乗り移ってきて、未来への展望というものがますます曇ってしまった。

こんな幼児期や少年期の記憶が頭のなかに溜まっているということがなかったら、俺、堅気で生きたんだろうか。逆に、八九三の大親分になったんだろうか。俺、これでも楽しく生きようといつも顔をぐいと上げて生きてきたんだぜ。周囲を笑わせて、俺自身も笑うのが大好きだった。でも真底からの笑いというものが一度もなかったことは認めなければならんだろうなあ。笑っている最中でも、自分の顔がちょっと引き攣っているんじゃないか、と感じてしまうんだ。

俺の後髪をいつも引いていたのはこの子供のころの記憶なんだ。外からみれば全力疾走しているとみえたろうが、俺、自分の内にあるこうした記憶に、情けないんだが、心のなかで泣けて為様がなかったんだ。こういうのを自己憐憫というんだろうから、人前ではそれを隠していた。悦ばしき日々を送っているかのようにみせかけてはきた。でも、本当は、俺、ずうっと悲しかったんだ。あの記憶のなかの小さな俺の姿をみて、泣いてやるしかなかったんだよ。

これも君はわかってくれると思うんだが、自分の家族が仕合わせから見放されたについては誰か悪い奴がいたからだ、そいつをやっつけなければ気がすまん、などと俺はいいたいんではないんだ。喧嘩腰で生きてきた俺だから、そういうことをいってこなかったわけじゃないんだが、俺の本心はそんなところにはなかった。俺は自分が無法者とみなされることには文句はいわん。悪党と呼ばれても、致し方ないとすら思っている。また自分のやったことには自分で責任をとろうともしてきた。お前なんか縛り首だというのなら、『悪霊』のスタヴローギンじゃないが、ロープに自分で石鹸を塗って首の締まり具合を滑らかにしてやってもいいと構えてもいた。

だが、俺の家族のような不仕合わせな連中がいたということ、また俺のような「不法者ゆえに任侠を大事とす」という人間がいたということ、それを故意に記録から抹消することはないではないか。無理に俺たちのことを記憶してくれなどと無礼は申さないが、基準も定かならぬままの不浄の咎で、俺たちをこの世にいなかったものとするというのは、不合理すぎるというものじゃないかね。俺たちの言い分を斥けるというんなら、せめてその理由を示してもらわなくちゃ困るよ。それくらいの作法がなければ社会とはいえんじゃないか。と思って君に手記めいたものを送ってみたわけなんだ。

そういえば、俺の姉は、十八年間、無国籍のままに放置されていた。番外地に生まれた私生児はそういう扱いを受けて当然だということなんだろうが、それを当然とする道徳や法律なんかありはしないんだ。俺は人間の権利のことをいってるんじゃない。利益の計算なんか俺の知ったこっちゃないんだ。明治のころ、権利なんて言葉はなくて、英語のライトは権理と訳されていた、それのほうが真っ当だと君がいっていたが、俺のいいたいのはその権理についてなんだよ。物事の理《ことわり》を権《はか》ってくれということさ。

朝鮮人なので引揚船に乗れずＢＣ級戦犯として処刑された俺の親父を、異人なのに日本軍によく協力してくれた、ということで褒めてくれた日本人がどこにいるというんだ。一人もいはしないじゃないか。それが道理というもんかい。苦界に赴くことによって家族を救け、異人にすがってそこから脱け出し、そして古い道徳に従って係累の前には絶対に顔を出すまいと決めて独りで死んでいった俺の母のことを、物陰ででもいいから、少しはかわいそうだと思ってくれた者がおるんかい。一人もおらんじゃないか。処刑された父の子そして元娼婦の母の子という重荷を背負って巷をうろつき、そして満身創痍になっていった俺の姉や兄に、一片の憐憫を寄せてくれる者だって誰もいやしなかった。俺の次兄だって、自分に故郷はないものと思い定め、おのれの出自についても完全黙秘を通したんだが、その沈黙の辛さを誰も理解してやろうとしない。

末子の俺は、そんな崩壊させられた家族のなかに放り出され、次に自分は何者か、何も知らされないまま世間に放り出され、どんなに胸を張ってみても、腹がいつもぺしゃんこであるのみならず、背中にいつも脅えが走って止まなかった。そんな俺の内心を察してくれた者は妻のほかには君しかおらんかった。

繰り返すが、そんな世間に抗議しているわけではないんだ。このちっぽけな家族の滅びゆく様子にだって、時代の趨勢や社会の本質が映し出されている、という可能性があるはずじゃないか。それに少しは注目してみよう、そうすれば時代や社会の理解に少しは資することがあるかもしれん、と少しも考えないのは精神の吝嗇《りんしょく》というものではないんかい。

俺の家族のことも結局はどうでもいいんだ。どんな時代も生け贄を必要とするもんなんだろうから、俺の家族がその犠牲者リストに載せられたからといって不満を述べ立ててみても詮ないことだろうよ。俺のいいたいのは、自分たちの回りに何か異形の者が現れたら、それは自分たちのやってきたことの産物であり反映であるのかもしれないと考えてみると、自分たちが何者であるかがよくわかって面白かろう、といっているだけさ。またその異形の者にどう対応するかと構えてみれば、自分たちの力量の何たるかを知りえて、得心もゆくだろうということさ。

そもそも、異形あってこその正形、異端あればこその正統、逸脱あるからこその調和というものではないのかね。自分のなかに四方八方に飛び散ってしまいたいという欲動があってはじめて、それを自分で抑制しなければならんと痛感するんだ、そういうものだと俺は思うぜ。神様や仏様のことにしてもそうさ。神仏を冒瀆してみたいと思ったことのない人間に、神仏を敬うことの有難味がわかるわけがないんだ。世間はそのことをもう少しわかってくれていれば、俺は自分の家族のことをあれこれ喋ることができたんだ。そうすることによって家族への供養を言葉で営むこともできたはずなんだよ。

異形の者への理解やそれへの対応は、むろん、葛藤なしにはすまんだろう。しかし葛藤あればこそ、それを解決することの楽しみを味わえるということではないんかね。人間ってのは、矛盾に苛まれているものなんだよ。板挟み状態におかれることだってしょっちゅうあるんだ。その意味じゃ、人誰しも暗中模索しているといっていいんじゃないのかね。またそうでなければ、時代の暗がりのなかで精神の明かりを求めて経験の知恵は何かと問うてみる必要も生まれないし、決断するってことにも意味が籠もらない、そういうことになってしまうぜ。

知恵も決断も避けつづけるというケチなやり方は自分の精神を雪隠《せっちん》詰めにするのに等しいと俺は思

う。そんなところに隠れているうち自分の心身から臭いにおいが漂っていることに気づかなくなった連中、そんな方々とお付き合いするのも喧嘩するのも、もう飽きたよ。ずいぶん前から飽きてたんだが、これ以上に頑張っても無意味な気がしてならないんだ。

俺にだって理想の八九三像というものがあったんだ。たしかに八と九と三は足し合わせれば末尾がゼロで「ブタ」とよばれている。破落戸《ならずもの》がブタだというのはよくわかる話だ。しかし、ちょっとカネが入ったり地位が高くなったくらいで、自分の持っているカードの合計は末尾が「オイチョ」だ「カブ」だ、つまり八だ九だと威張っている連中よりは、本真《ほんま》の八九三のほうが真っ当なんじゃないのかね。自分をゼロにして他人を引き立てる、そういう任侠道に俺は惹かれていたんだ。

俺が実際に任侠道の上だけを歩いてきたとはいわん。任侠の理想から離れる、そんな現実が多かったんで、その隙間に厄介な薬物や余計な暴力が入り込んできたのはあっさり認める。しかし理想なんかどうでもいいやと構えてしまったら、そいつの現実は娑婆《しゃば》に溢れているインケツ野郎やニタ野郎どものそれと何も変わらんということになるじゃないか。末尾が一、二の不出来な三枚札をインケツ、ニタとよぶんだが、ブタとインケツやニタとの争いなんかみたくもないってもんだよ。

いやそんなふうにいうのは傲慢かもしれんなあ。八九三にあるまじき高飛車の物言いということになるのだろうよ。だから、お邪魔のようですから消えさせて戴きます、といっておくしかないか。俺の体験したような人生は、それ自体が、時代遅れの代物として疎んぜられるに決まっている、それが今の世の中だってこと、俺、よくよく知っているんだ。まあ、皆さん、左様なら致し方ありません、さようなら、ということだね。

結　海野さんの足跡はもう消えたのね

平成十六年、私たち夫婦は初冬の北海道を訪れた。本書の草稿をひとまずは仕上げたあと、海野《うみの》治《はる》夫《お》がその幼少期を過ごしたいくつかの土地の跡を観察してみたい、自分の五感でじかに味わってみたい、そうするのが故人となった友人への礼儀でもあろう、と考えてのことである。

それに、私にとって、渡島《おしま》支庁の砂原《さわら》町、後志《しりべし》支庁の（仁木《にき》町の）銀山、空知《そらち》支庁の沼田町そして赤平《あかびら》市のどこにも訪れたことがなく、そのいずれにも土地勘がなかった。私たちが大人になるまでの時期、日本人のほとんどがそうであったのだが、道民には旅行というものを行う習慣も余裕もなかった。だから、修学旅行などという特別の機会を除いては、自分の家の周囲のせいぜい数キロメートルをうろうろしているのが子供たちの生活ということであった。

砂原、銀山、沼田、赤平の各地は、私にあっては単なる地名にすぎないが、妻の場合、かならずしもそうではないようだ。彼女は、昭和三十年代の後半、私が彼女の前から姿を消し、ほとんど行方知れずとなったあと、北海道の実に様々な僻地を、ある大手の食品会社の宣伝用のキッチン・カーというものに乗って、転々と動いていたのであった。当時始まったばかりの地方テレビ局のアナウンサーになるか、それともチーズ・バターの宣伝用の料理を作って歩くかという職業の選択肢が彼女の前におかれたとき、彼女は躊躇なく後者の渡佐《どさ》回りのほうを採ったわけだ。それで彼女には、海野がかつて住んでいた浜辺や鉱山の近くを掠めて通った経験があるとわかり、一緒の旅行と相成った次第である。

もう遠い過去のこととなった渡佐回りの思い出を彼女が芋蔓式に語っていくのに耳傾けているうち、私たちが函館でハイヤーした車は、はや、冬枯れの始まった大沼への道に入っていた。大沼というのは駒ガ岳の南がわに広がっている湖水地方で、そこらあたりは孟宗竹や赤松の北限の地でもある。逆にいうと、大沼周辺の植生は東北地方の延長といった趣で、風土論としていえば、北海道の本格的な姿をまだ現してはいないのであった。さらにいえば、日本の近世や近代の歴史書によく登場してくる函館、松前、五稜郭にしても、「内地」の面影を宿している場所であり、北海道に独特の「シベリヤの果て」かと思わせる厳しい風土は少し顔を覗かせているだけなのである。

駒ガ岳の東がわの裾をぐるりと回って、車は山のちょうど真北に位置する砂原へと出た。海野は、八歳前後の一年間ほどを、その地の網元の家で住み込み女中をしていた母親と一緒に過ごしたのであった。砂原は内浦（噴火）湾の玄関口の西がわにあって、当時、漁が大いに賑わっていたらしい。昆布、鰯、鰊、鮭、烏賊、蟹、鱈などを求めて、今の人口の五千人を五割は上回る数の人間たちが、背に駒ガ岳を負い、湾の向こう岸に蝦夷《えぞ》富士を眺めながら、せわしなく動き回っていたのであろう。そうした人の群れのどこかに海野母子がまぎれ込んでいたということである。

砂原に和人が移住したのは一五三二年のことというから、その地の日本史は長いということすらできる。しかし歴史の歩みが気が遠くなるほどゆっくりとしているのが未開の地というもので、目立つ出来事はといえば、安政三年（一八五六年）に南部藩が、ロシアの南下に備えて、この地に陣屋を設営したこと、昭和二十年七月に米軍が工業地帯を空襲したついでに、この小さな漁村をも銃撃して住民を殺していったことくらいである。あとは大量の魚を内地へ送り少量の野菜を自給していたにとどまる。

南部藩の陣屋跡を訪れてみたら、百メートル四方に土塁が張り巡らされており、うっすらと雪が降り積もった敷地の隅に戦没者の慰霊塔が建てられていた。町は静まり返り、通りに人影を見ることすら稀であった。室蘭や苫小牧における工業廃液の影響や周辺の森林伐採からくるプランクトン減少の結果ということなのであろうが、一度は魚群が姿を消し、最近になってようやく、工業や農業の衰微のおかげで漁獲が増えつつある、それが噴火湾のここ五十年ということである。

しかし、家々はこれを寒冷地文化住宅とよぶのかといいたくなるような小綺麗な様子をしていはするものの、町に復活の兆しはみられない。みられるのは、むしろ、衰亡しつつも死滅できないでいる町の寂寥感といった類のものであった。日本人の食べる魚の三分の二は輸入物だというのだから、致し方ない成り行きなのであろう。

砂原の町をいくらぶらついてみても、海野母子の面影を幻想してみるのは叶わぬ話であった。ただ、北がわからみる駒ガ岳は、噴火で吹き飛ばされた頂上部分の形状がみえないためか、大沼がわからみる優美な形と異なって猛々しい姿をみせつけており、その麓で日がな一日遊び呆けていた海野少年の勇姿は想像できた。彼の母親が、もし、自分の家系の出自である南部藩の縁故で砂原あたりに生活の糧を得つづけることができたなら、治夫にはまったく別様の人生が待っていたのであろう。その勇ましさを八九三以外の形で、たとえばカムチャッカやアラスカの海で網を引くというようなやり方で、発揮することができたのかもしれない。

だが彼女は、夫が戦犯として処刑された朝鮮人であったことと自分が元娼婦であったこととのせいで、そうした縁故を積極的に手繰《たぐ》ることはできなかった、そういうことであったに違いない。ありつけたのは、夫の元関係者が知らせてくれた、多くの朝鮮人労働者の送られた山奥の鉱山で飯炊き女が必要とされている、といった程度の情報だったのではないか。しかもそれらの鉱山は、そもそも、彼女の夫が朝鮮人たちを次々と引率していった場所だったのではないか。

いずれにせよ、この旅の当初から私の脳裏を巡ったのは、みずからをアンタッチャブルな存在と見定めていたその母親の生き方についての、根拠の定かならぬあれこれの想像であった。その噴火湾の沿岸を半周すれば、彼女は姉と妹に会うこともできたのである。それは、姉妹に助けや慰めを請うこともできる物理的な距離にすぎなかったが、社会的な距離としては、職業や身分の貴賤にかんする観念を背負った明治女には、ほぼ無限大であったのであろう。

砂原を出た二年後に、彼女は北海道の山奥へと誘われたのか彷徨い込んだのか、ともかく苦悶のうちに果てることとなる。砂原という風光明媚に開けた土地が、消える寸前の蝋燭が一瞬激しく燃え立つのにも似た、甘美な時間を彼女に与えてくれたのだと思いたい。その満足感が子供にも伝わって、「火山と海原の境に立つ自分」という、治夫の人生にあって唯一美しい自画像を彼に残すことになったのではないか。

実は私も噴火湾の北がわにある長万部《おしゃまんべ》で生を享けたのである。何も覚えていないが、そういうことであるらしい。そこは、一六六九年アイヌの族長シャクシャインが和人にたいして蜂起したので有名な土地でもある。その反乱の真の原因は噴火のための不作不漁だという説もあるらしいが、ともかくシャクシャインの存在は、社会というものにすんなりとは馴染めない私の父に、そして私自身にも、どことなし見合っている。そう思う傾きが私にはある。

流れ者として夫婦生活を始めた私の両親は、その町にやっと落ち着く先をみつけ、そこで兄と私を生み、私が二歳になるまでそこに住んだ。母のいうところでは、「漁師の娘さんたちに裁縫を教えれば魚を運んでもらえたし、それでなくとも浜に出れば漁師さんたちが魚を手渡してくれた」とのことで、大東亜戦争が勃発する前の四年間であるにもかかわらず、暢気な生活であったらしい。夫も農協の職員になることができたので、彼女にとっては過不足のない新婚生活ということであったのであろう。

私は、十年ほど前、長万部の出身者ということで、そこの商工会議所から講演を頼まれたことがある。当地の町役場の青年が私の生家がどこにあったかを勝手に調べてくれていて、案内されると、浜辺のみすぼらしい家並みの裏手に小さな空き地があって、雑草が青々と生い茂っていた。そこに私の家族の住んでいた借家があったのだという。寂れた漁村の雑草で埋め尽された地面が自分が生まれた場所だと知って、私はむしろほっとした。何もないところから出発して何もないところに帰還していく、それが自分の人生なのだというイメージが私にはいつのまにかとりついている。それで、その雑草だらけの空き地が自分の誕生の場にふさわしいと感じたのである。

私たちの車はその長万部が終点であった。蟹弁当が当地の名物であることはむろん知っていた。しかし、明かるいうちから蟹を頬張るほど私たちは若くはない。駅前で蕎麦をすすって函館本線に乗った。それは、たぶん三十五年ほど前から、「本線」とよばれるのは気恥ずかしかろうと思われるようなローカル線に成り果てていて、ワンマンのワンカーであった。

日露戦争の折、北方に物資を運ぶ必要から、長万部に発し羊蹄山やニセコアンヌプリの聳える山間部を経て小樽の湾に至るまでの鉄道線が敷かれたわけだから、それは丁度百年の歴史を有する路線である。その由緒ある線路を、たった十人程度の客を乗せたディーゼル・カーがごとごとと走っていった。

大東亜戦争期、資源輸入の道を断たれた日本は、函館本線沿いの山間《やまあい》のあちこちに鉱山を開発していった。山また山の山奥に、その路線の標高が最も高くなる地点に、銀山という無人駅がまだ残っているのはそのためである。つまり、そこから五、六里も離れた轟《とどろき》鉱山で金や銀が採れ、銀山駅まで運ばれてきたわけだ。轟鉱山は敗戦後まもなく閉じられたという。その鉱山の金属含有率は低かったということなのであろう。その僅かな金銀が、戦時、まことに尊い金属とみなされたのだ。

轟鉱山には、そのあたりのいくつもの鉱山と比較すると際立つ多さで、朝鮮人労働者が送り込まれたという。それではっきりする、海野の母親が朝鮮人の人脈を頼って銀山へと移動してきたのだということが。ただし、彼女が弁当を作ったり牛乳を沸かしたりしていたのが、銀山駅のそばであったのか、それとも山奥の轟鉱山であったのか、今となっては知り様がない。

ただ、海野の手記に「山奥」についての記述が少しもないことや、弁当を作っている家の女の子たちが「お父ちゃま、お母ちゃま」などといっていたということなどから推測すると、それは銀山駅あたりの村長さんのような家ではなかったのかと想像される。鉱山会社が村の長《おさ》あたりと、鉱石運搬の労働者のための弁当配給について、契約を結んだのではないかとも想像される。

いずれにせよ、鉱石の採掘や運搬をめぐる往時の喧騒の気配を思わせるものは今の銀山駅あたりには一片もない。銀山の地名のことを知っている道民がいるとすれば、そこに精神において薄弱な少年たちと素行において不良な少年たちのための「学園」が一つずつあるという理由からだけである。「トド松や、悲しき国の夢の跡」と呟きたくなるような、物音一つしない山村がそこに身を沈めているのであった。

私たち夫婦は、夕暮の迫る時刻、駅前の急峻な坂を下っていった。二人とも、こんな険しい坂道を、一体全体、どんなふうにして馬車や馬橇が登っていったものかと首をかしげざるをえなかった。そのことをたまたま出会った老人に尋ねてみたら、やはり、銀山駅から鉱山が小樽へと運ばれていったことは確かだという。小分けして運ぶというように様々な工夫がほどこされたのであろうといっておくしかあるまい。

治夫がこの地で「温められた牛乳の皮膜が旨かった」ということだけを記憶しているというのは当然のことと思われる。駅前の坂を下りきれば、細長く谷間の地が続いており、そこに何十人か何百人かの農民家族が田畑《でんばた》を耕作していたものと考えられるが、しかしそれでは、どう想像してみても、生存水準ぎりぎりの生活しかできなかったであろう。時間における余暇や生産における余剰がなければ、遊びや祭りがあることは不可能である。というより、朝鮮人労働者を主体として行われた鉱石の採掘と運搬、それを眺めたりそれに加わったりするのがその寒村にとってかつてない遊びや祭りになったのであろう。

治夫が母親の袖をつかみながら小さな山村でみやっていたのは、原始の自然のごく間近にまで下ってきた人間の文化の、寒々しい光景であり、そんなところにまで突如として聞こえてくる戦争の足音であり、その時代の無気味さを象徴するかのような（人種としては）外国人の集団の苦役の姿であったのだ。それら苦し気にみえた山村風景の一切が、治夫のそれからの人生に休みなく襲ってきた数々の苦難の、開始の合図ともなったのである。

そんなことを話し合いながら私たち夫婦は、疲労で心身を鉱石のように固くさせながら、小樽にまで運ばれてきた。そのまま札幌に向かう気力がもうなくなっていたので、小樽駅のそばのホテルに倒れ込んだ。それでも空腹は満たさねばならず、ホテル内のレストランに座ったら、女将が声をかけてきた。

「先生は札幌の南二十条の西十一丁目におられたでしょう……私はその通りの突き当りにいたんですよ……先生のことが北海道新聞にでかでかと載って……先生が逮捕されたときのことですけど……マスコミ関係者がたくさん押しかけてきて……私は中学生でしたけど、よく覚えていますよ」

私はちょっと眩暈《めまい》に襲われた気分になり、焼酎を五、六杯急いで平らげて部屋に戻り、ベッドに仰向けて昔のことを思い出し、四十四年前、刑事に追われて赤坂見付の街路を走っていた自分のことや、当時、札幌の豊平で殺人事件を起こしていたという海野のことや、この小樽の町にまだいるはずの私の（種違いの）姉に当たる女性のことなどをとりとめもなく妻に喋りつづけた。そのうち妻の相槌がなくなったので、隣りのベッドをみてみたら、風邪気味の彼女は疲れを顔一杯に表しながらもうしっかりと眠りに落ちていた。

翌日、札幌を通過して深川へと北上した。そこから沼田の昭和炭鉱に向かうためである。私の育ち故郷である厚別を過ぎるころから吹雪で、視界には何もみえない。だが美唄《びばい》まできたら吹雪は止み、そのかわりに積雪が厚くなった。右手に山並みが迫り、やがて石狩川が現れるにつれ、大雪山系に近づいているのだと知らされる。

深川からタクシーで西方に折れて沼田に走る。途中の妹背牛《もせうし》あたりでは、吹雪で視界は三十メートルあるかどうかといった調子であった。石狩川の上流に当たる雨龍川が、黒々とした流れのなかに降る雪を休みなく溶かし込んでいた。三、四十分で沼田に入った。今度は、北国に特有の「空色」の、つまり淡い青色の空が大きく広がっていた。

道行く町民の数も少なく、やっとみつけた何人かに昭和炭鉱のことを尋ねてみると、「そんなものは知りません」との素っ気ない返事である。それでもやっと一人のお年寄が「そんなところに行けるわけがない。通常でも砂利の山道を一時間半だが、今日はもう雪が深いし、いつ吹雪になるかわからない」と教えてくれた。

致し方なく、手塩山地の麓にある留萌本線の恵比島《えびしま》駅まで近づいてみることにした。NHKドラマ「すずらん」のロケ地となって以来、その駅は「明日萌《あしもい》」とよばれて、当地の観光資源となっているようである。とはいえ、私たち夫婦が訪れたのはシーズン外れであるから、おもちゃのように小さな古ぼけた木造の明日萌駅は、やはり「すずらん」に登場した駅前の「中村旅館」と一対になって、人っ子一人いない雪原のなかに、ちらちらと降りはじめたさらさらの粉雪をあびて、ぽつんと寒そうに建っていた。

留萌本線は山地を迂回するので昭和炭鉱には繋がっていなかった。海野治夫は、母親に「ねえちゃんのところにいけ」と促されたあと、一体、どんなふうにしてこの恵比島駅まで出てきたのであろうか。炭鉱のトロッコが明日萌駅まで繋がっていたのであろうか。それとも山道を炭鉱会社のトラックが往き来していたのであろうか。駅周辺は、戦後の石炭ブームを反映して、ごった返していたのであろうか。今となっては何もわからない。

ただ、深川に出るときにもそこから札幌に向かうときにも、当時は今の三倍の時間がかかったであろう。汽車の窓外にみえる風景も貧相であったに違いない。とくに農家の造作はみすぼらしい茅葺きあるいは柾葺きであったはずだ。そんな時間と空間を九歳かそこらのこれまたみすぼらしい少年が、汽車の窓に顔を押し当てて「かあちゃん、かあちゃん」と、彼のことだから大声を出して泣いていたのか、と私も妻もひとまず想像してはみた。しかし、しんと静まった雪原のなかでは、想像とても次々と拡散してしまうのである。

昭和炭鉱それ自体は、昭和二十九年の全盛時に、四千人近い人口を擁していたと『沼田町百年史』にはある。海野の母親も、その炭鉱の興隆に惹きつけられて、後妻口へと入っていたのであろう。だが彼女はその入り口で倒れてしまった。治夫は母を懸命に看病したが、幸か不幸か、その死を看取る前にそこから追い出された。

昭和炭鉱に朝鮮人労働者がどれほど残留していたのか、『百年史』には一言もない。開拓者の名前をとって沼田と名づけられたその地では、あくまで農業が主であって、満州事変のあとに開発された炭鉱のことは二の次ということであったのかもしれない。「産業報国隊」が炭鉱に入っていったという記述はあるものの、報国隊に応募・徴用の朝鮮人がどれほど含まれていたのか、そもそもの記憶がないのであろう。

なお本書において、私が朝鮮人の「強制連行」という言葉を一度も遣っていないのは、当時のそうした事情に詳しい八十歳代の道民の話を聞いていると、「強制」という表現は不適切だと思われることが多いからである。つまり、高い収入を求める朝鮮人が（おそらくは海野の父親のような）同胞の朝鮮人に勧誘されてきたという話が多い。また戦争が始まってからでいうと、法律上の形式においては、日本人にも適用されていた徴用の制度が朝鮮半島についても作動しただけのことという話になる。

徴用された朝鮮人に比較的に過酷な労働が宛《あ》てがわれたことは疑うべくもない。しかし、たとえば昭和炭鉱の場合、すでに昭和四十四年に廃山になったのであってみれば、そんな朝鮮人労働の実態について何かを記憶している人が当地に存命しているとも思われない。いや、そういう人がいるとしても、その人に私が逢う可能性もその記憶の真偽を確かめる方法もありはしない。朝鮮人労働の過酷さについて具体的に描写する条件が私には与えられていないということである。

恵比島から深川に戻る途中、また吹雪であった。私は、吹雪で景色を掻き消されている北の田園地帯をじっとみつめながら、自分が幼いときに雪原の吹雪に閉じ込められたことが何度かあるのを思い起こしていた。たとえば、自分の足元にわずかな凹みがあるかもしれないということについての注意を怠ると、その凹みはそこに農業用水が流れていることの印であるので、もし用水の氷を破って流れに落ち、ちょっとでも流されてしまったら、それは冷たい闇のなかでの死を意味するのであった。小学校の校長が始業式で「ナントカ君とナントカさんが川に落ちて死にました」と報告する、それが当たり前と受け取られてもいたのである。

私は、一度だけ、氷を踏み破ってしまったことがある。用水の土手に凍りついていた枯草に必死にしがみつき、枯草が根こそぎ抜けると、別の枯草にしがみつき、ずぶぬれの姿でやっと這い上がり、全身凍《い》て付いた姿で、たぶん十五分ばかり注意を怠らずに歩いて我が家に戻り、家族の誰にもみつからぬようにとの注意も凝らして、素知らぬげに布団にもぐり、ガタガタと震えていた。当時、少年たちはそんなふうに生きていた。しかしそんな身の震えは、家族を失うことからくる心の震えと比べたら、何ほどのことでもないと今にして思う。

深川から電車で滝川に南下し、そこから車で東に向けて一時間くらい走った。右手に空知川が流れ、正面に低い山並みがみえてくる。人口が二万五千にまで縮小した赤平市が、いくつものボタ山（北海道でいうズリ山）をすでに山林へと変貌させつつ、曇り空の下に半ば死体のように横たわっていた。ただ、ワッカ・ピラつまり「水と崖」がみえるといった風情の赤平の地は意外と広く、人口が四万を超えて「市」としての体裁を誇っていたときには、さぞかし壮観であったろうと思われる。その真ん中を空知川が蛇行しており、そして空知川を見下ろす河辺の高台に「国木田独歩曾遊《そういう》の地」なる碑が建っている。だが、独歩がみたであろう原生の自然は、もう眼下の空知川にしか残されていない。

かつては炭塵で真っ黒であったというその川は、北海道の川というものの特徴を露骨にみせつけて、大きく荒くうねり、人為の介入を撥ねつける猛々しさで、夕張山地から北方に一気に下ってきたという感じである。何本か懸けられている橋も百五十メートルを優に超えて、大きく長く、そこを歩いている自分がちっぽけな存在に思われる。

この町で海野は下男奉公をしていたわけだ。私の思うに、いわゆる「炭住」のみすぼらしい家屋のなかで海野を酷使していた者は朝鮮人だったのであろう。なぜといって、海野のことを半チョッパリつまり半日本人奴《め》とどやしていたのだからである。ただしその人物は海野の父親と同じく早めに、たとえば大正期に日本に入り、戦後ともなれば、おおむね日本語で生活していたのではないか。だから、日本語で海野に命令を下していたのに違いない。それで海野は、自分の主人を日本人と思い込んだのみならず、チョッパリという言葉を朝鮮人への侮蔑語と受け取ったのだと思われる。これが真相だとすると、半同胞からの虐待を半異邦人からのそれと取り違えた海野少年の悲喜劇も、昭和という時代の刻印にほかならぬということになるのであろうか。

朝鮮人労働者のことについては、『赤平市史』に、ほんの数行、「炭鉱の労働力不足への対応策として朝鮮人労働者が炭鉱に配置された」ことについての記述があるだけである。どうやら、昭和十四年から十九年にかけての五年間、毎年百人程度の朝鮮人が配置された模様とみえる。

当時の町の風景は、おそらく、もっと貧しくもっと黒ずんでいたのであろう。一面黒色の町のどこで彼は這いずり回っていたのだろうか。南北を山並みで閉じられ、平地に黒い激流の走るかなりに広く黒い空間のどこか一点に、治夫は繋ぎ止められ日夜使役されていた。

その一点から解き放たれるのは、煎餅売りのときだけであり、そんな機会に何度か、彼は「橋」から身投げしてみようかと考えた。実際に橋の上に立ってみれば、治夫の身投げが願望にとどまった理由がよくわかる。橋の上からみた空知川は、あまりにも下方に、あまりにも大きく、あまりにも荒々しく流れている。それは小さな子供の近づけるような優しい川ではないのである。子供のにかぎらず、人の身投げを拒絶する凄まじい感じが空知川にはある。

開墾や開発に伴う、達成感と破壊感の両方を醸し出す、騒がしい活力が今の北海道にはもうみられない。沼田の畑地は整理整頓が行き届いていたし、赤平の町並みも、おそらく社会保障費のおかげで、崩壊を免れていた。私たちが子供のころにみたのは何も彼にもが乱雑に投げ出され、何も彼にもが崩壊の緊張に堪えている、といった光景であったように思う。そうしたことを今も感じさせてくれるのは、空知川の波濤くらいのものなのである。海野はそうした時代のそうした雰囲気のなかで、たった一人で生の激流を泳ぎ切ろうと悪戦を繰り返していたのだ。

それ以上のことは感じとれまいと考えて、私はそそくさと赤平を出た。沼田にせよ赤平にせよ、白い粉雪と黒い木々をしかみることができなかったが、それで私には十分であった。海野治夫の少年時代は、あの時代に北海道で育ったほとんどの少年の心象風景をグロテスクに拡大してみせるような形で、色のない世界に放り込まれていたのである。色において欠損していれば色を欲求するのが自然の成り行きだ。少年たちはおのれらの喜怒哀楽の感情を色彩であるかのように幻覚して、何かしら過剰な気分を抱えることになったのであろう。

始末の難かしい感情を抱え込んだままで我が身を蕩尽させたり、それを抱え切れずに我が身からそれを切断したり、少年たちはそれぞれのやり方で自分の人生に対処した。それも人生における曾遊の、つまり曾《かつ》ての遊びの形態だということで、海野のものであれ誰のものであれ、人生譚を御仕舞とするほかないのであろう。

そうとわかりつつも、敗戦の混乱期であったために誰からも留意されることのないまま、手塩山地の（沼田の）昭和炭鉱と夕張山地の（赤平の）赤間炭鉱に少年期を幽閉された男が、自分が終生の虜囚であることに理不尽を感じずにおれなかったことを、私は何とか表現してやりたいと思った。そうしなければ、私の精神に理不尽が残ってしまうと思われたのだ。

それだけのことだ、という当初からわかっていたことを沼田と赤平で骨の髄まで確認させられて、私たち夫婦は旭川に泊まるべく北上した。

北上すれば、そのぶんだけ雪が深くなり、旭川の積雪は十一月末ですでに五十センチメートルになっている。ここまでくれば、ひとたびはまり込んだら脱け出せないのが北国だ、といった雰囲気が強くなる。

「由緒あるホテルはどれか」と問う私の妻に、タクシーの若くもない運転手が「新しいホテルということか」と応じている。処変われば言葉の品も変わるのさなどと喋りながら、私たちは、ホテル内での食事という味気ない振る舞いにふたたび及び、焼酎で頭を少し痺れさせたあと、深い雪の穴に転落する気分で眠ってしまった。

翌朝、「旭川の番外地で娼窟のあったところはどこか」とホテルの案内係に聞いても何もわからない。それどころか、警察に電話を入れても「転勤族が多いので、地元の旧い話は知らない」という。

やっと市役所の年配の戸籍係員がある町名を教えてくれ、タクシーでそこに向かったら、運転手のほうが事情に詳しく、隣りの一角のほうが本格的な娼窟であったという。何軒かの飲み屋は、表通りからみてもそんな感じなのだが、昔ながらの安売春業を今もひそかに営んでいるのだとも運転手はいう。
海野の母親がこんなところから朝鮮人の手配師のような人物に身受けされたのは、たぶん今から八十五年ばかり前のこと、つまり第一次欧州大戦に日本が火事場泥棒のように加わって大儲けしていたころのことと思われる。子供たちの年格好からしてそうであろう、などと話しているうち、札幌への電車は、はや、空知平野から石狩平野へと通り過ぎていく。妻が、疲れのとれぬ表情のまま独りごちた。

海野さんの足跡《あしあと》はもうすっかり消えてしまっていたわね。

私は、「うん、俺のもじきにそうなるよ」と応えながら、早くホテルに入って午睡をとろう、そうしなければ身が持たぬと算段していた。私には、札幌で、八九三関係者に尋ねてみなければならないことが待っていたのである。つまり海野治夫の死の形が焼身であったのか入水であったのかが私にはまだ明らかではないのであった。
海野が自死してから今までの七年間に、三度か四度、私は彼の八九三関係者に、あるいはその知り合いに、出会うことがあった。そしてそのたび、海野の死が焼身であったのか入水であったのかを確認しようとした。しかしその返事は、アウトローの人々との会話にありがちのことなのだが、「焼身だったのか」と質せば「そうだ」と応じられ、「入水だったのか」と問うても「そうだ」と答えられる、といったアウト・オヴ・オーダーの言葉の連続であった。

警察で丹念に調べることができれば、真相が判明するのではないか、と思いはしたものの、海野の葬儀がその死の四日後に「組」の関係者によって順調に営まれたということは、警察が海野の死に方に法律上の不審をさして差し向けなかったということだ。そうならば、警察に詳しい記録が残っているとは考えられない。

また海野の妻に直接に尋ねてみるという方法もあるのだが、「組」の関係者のいうところでは、彼女の女友達の言として「健康を害したままの彼女に、当時のことを思い出させるのはやめてほしい」とのことであった。私ごときに海野の妻を悩ます資格があろうはずはない。だから私にできるのは、海野のすぐそばにいた何人かの人々に海野の最期の姿についてもう一度だけ問い質してみることだけだ、と思われた。

札幌に入ったその夜に、私が得たいくつかの反応は相も変わらずであった。ある関係者は焼死であったといい、他の関係者は水死であったという。いずれにも共通しているのは、「死に顔が真っ黒に爛れていた」ということと、「額の骨の一部が、まるで一角獣の角のように突き出ていて、般若のようにみえた」ということである。

ただ、関係者の一人が印象深いことを喋ってくれた。「自分は五人ばかりの自殺者に会ってきたが、皆、死の一か月ほど前から、血の気のない白い顔色になる。海野さんの場合もそうだった。死相が張りついていた」というのである。たしかに、私のみた死の一週間前における海野の顔相もその通りであった。顔色は紙のように真っ白で、それは、思い返せば、すでにして半ば以上が死者のものであったのだ。だから、「海野さんは謀殺されたんだ、あの遺書めいたものも、よく読めば抗議の書にすぎない」という海野の回りのある者がいった説を私は信じることができない。

そんな会話を「組」の関係者たちとやっているうち、私の気分が予期していた通りの方向に傾いていった。海野の死が焼身であっても入水であってもどうでもよい、と思われ出したのである。なるほど、焼身は抗議の自死であり、それにたいし入水は絶望の自死である、と対比されはしよう。だが、抗議という外向の姿勢と絶望という内向の姿勢は、作用と反作用の関係によって張り合わされているに違いないのだ。人誰しもにあって、いくら抗議を繰り返しても効果が挙がらないからこそ絶望するのであろうし、なぜ抗議を繰り返すのかというと希望が絶たれたままの状態が続くからなのである。

想像を逞しくしてみるに、必要とされる心理のエネルギーは焼身にあって大きく入水にあって小さい、という差はあるであろう。その点を考慮すると、海野のあの真っ白な顔は、私の心象にあってはエネルギーを放出し切った者のそれであり、したがって、海野は入水を選んだのではないかと想像したくなる。しかし最後の一瞬に、抗議の活力が蘇り、その白面がにわかに朱に染まる、といったこともあるのかもしれない。

というふうに思いをあれこれ馳せていくと、抗議と絶望つまり怒りと悲しみが彼にあっていかに拮抗していたかを知れば、私にはそれで十分なのだと思いたくなる。さらに、憤怒と悲哀が互いに逆転する場合のことを考えると、悲しみの焼身というものも怒りの入水というものもありうるのだとすら思われてくる。そうならば自死の形態についてのこれ以上の穿鑿は無駄である、と私は思い定めた。そしてその夜は、「組」の関係者たちと一緒に、午前三時までどんちゃん騒ぎを繰り広げ、そうすることによって、海野の焼け爛れる姿や凍て付いた姿についての想像を自分の脳裏から追い払うよう努め、その努力は成功に終わった、というよりそう思うことにしたのであった。

実のところ、この砂原、銀山、沼田、赤平、旭川そして札幌への急ぎ足の旅は、海野に最後の別れを告げるためのものであった。正確には、私の海野にかんする記憶や想像を燃え尽きさせる、あるいは凍り付かせるための儀式のようなものであった。死者への情をむくつけくみせつけるのは生者のエゴイズムにすぎない。この執筆は、むろん、海野という友にかんする「思い出の塚穴」を掘ることを通じて、その六十年の人生が我々（の後生）に何か教えるところがないかを探るものであった。だがそれは私の眼に映り私の心に届いたかぎりでの海野の人生である。

結局、海野の友人でありつづけた私という男がどんな人間であるかを、海野の奥さんやお嬢さん、そして私の友人や知人という特定の方々はいうまでもないこととして、不特定の読者にも知ってもらう、という性格を伴わざるをえないのだ。そのことを告げるかのように、海野の足跡は、戦後六十年の風雪によって跡形もなく吹き飛ばされていたのであった。

これで、本当に、海野と私とのあいだの長々と続いた関係に終止符が打たれることになる。これ以上に書けることも書きたいことも、私には残っていない。海野にかんする私の表現もこれでカタルシスを迎えたということなのであろう。

カタルシスにつれ、当たり前のことだが、空無の感覚が私の心奥に広がっていくのを覚える。私における「あの時代のあの北海道」が、その図柄の重心をなしていた海野治夫のことを私なりに描出し抽出してしまったせいで、急に重力をなくし、はるか遠方へふわふわと去っていくといった感じなのである。死者に聞こえるわけもないのだが、「海野、これで本当にさようなら」と呟いてみたくなる。

私も彼も、相手において生じた「受苦と情熱」の両方の意味でのパッションを理解してやらねば、と身構えていた。その意味では二人のあいだに友情が交されていたといえると思う。もちろん、「義のあるところ火をも踏む」といったような強い振る舞いを互いに交換したわけではないし、そもそもそんなことは叶わぬ話であったので、その関係を「友の情《なさけ》」とよぶのは言い過ぎかもしれない。しかしその真似事を演じるのに両名とも真剣ではあった。そのことを想い起こしつつ、少々気恥ずかしくはあるが、本書の題名を「友情――ある半チョッパリとの四十五年」とさせていただくことにする。

この作品は二〇〇五年四月、新潮社より
刊行の書籍を新装復刊したものです。

装幀——岩瀬聡

西部 邁

にしべ・すすむ

1939年北海道生まれ。思想家、評論家。

東京大学大学院経済学研究科修士課程修了。

横浜国立大学助教授、東京大学教授などを歴任。

東京大学教授を1988年に辞任。執筆活動のほかテレビなどでも活躍。

2017年10月まで雑誌『表現者』顧問を務める。

著書に『ソシオ・エコノミックス』(イプシロン出版企画)、

『経済倫理学序説』(中公文庫、吉野作造賞)、『大衆への反逆』(文春学藝ライブラリー)、

『生まじめな戯れ』(ちくま文庫、サントリー学芸賞)、

『サンチョ・キホーテの旅』(新潮社、芸術選奨文部科学大臣賞)、

『ファシスタたらんとした者』(中央公論新社)、『保守の遺言』(平凡社)、

『マスコミ亡国論』『妻と僕』(青志社)など多数。

2018年1月21日に逝去。享年78歳。

友情

二〇一八年十月十一日　第一刷発行

著者――――――西部 邁
編集人・発行人――阿蘇品 蔵
発行所――――――株式会社青志社
〒一〇七-〇〇五二　東京都港区赤坂六-二-十四　レオ赤坂ビル四階
（編集・営業）
TEL：〇三-五五七四-八五一一　FAX：〇三-五五七四-八五一二
http://www.seishisha.co.jp/

印刷　製本――――慶昌堂印刷株式会社

ISBN 978-4-86590-071-2 C0095